鉄道旅行のたのしみ

宮脇俊三

角川文庫
15430

目次

鉄道旅行のたのしみ

鉄道旅行のたのしみ

東海道の巻

交通機関の発達は、目的地への所要時間を短縮してくれる。また、同じ所要時間で、より遠くへの移動を可能にしてくれる。

東海道線が全通したのは、明治二二年（一八八九）七月一日であるが、当時の時刻表によると、新橋—神戸間を二〇時間五分かかって走っている。この二〇時間という所要時間を今日の交通機関にあてはめてみると、超音速機のコンコルドの場合、地球を一周してもとのところへもどってしまうから論外として、鉄道に限ってみても、ブルートレインの「はやぶさ」で東京から鹿児島県までいけるし、新幹線を併用すれば西鹿児島までが一二時間。

ずいぶん便利になったもので、明治の人が知ったら仰天するだろうが、現代の日本人は、東京から鹿児島まで一二時間もかかるとは何事かと、ほとんどの人がジェット機を利用する。

「より速く」を求めるのは人間の本能であり、交通機関発達の原動力である。それは多くの恩恵を人類に及ぼした。けれども、より速い乗り物が、よりたのしい旅をもたらしてくれたかとなると、これはもう疑問である。

急用のある人、忙しい人、忙しがっていないと不安になる人、乗り物ぎらいで一刻も早くおりたい人、等々が、大阪から高松まで飛行機に乗り、東京から熱海まで新幹線に乗るのはよいとしても、のんびりと旅をたのしもうとするはずの人たちまでが、しきりに飛行機や新幹線に乗るのは、どうしたことかと思う。

旅は食事に似ている。忙しいビジネスマンは五分間で天丼を平らげ、また机に向かう。優雅な人は一時間かけて昼食をたのしむ。前者は生きるためのみの動物的食事であり、後者は手段をたのしみの域にまで高めた人間的食事である。どちらが幸福な食事かは明らかで、時間に余裕のある人までが大急ぎで食べることはないだろう。

せめて、私たち鉄道を愛するものは、のんびり、ゆっくりと線路の旅をたのしもうではないか。

のんびり、ゆっくりを賞揚したのに、東海道となれば、やはり新幹線からはじめねばならぬ。因果なことである。新幹線によって、どれほど東海道の旅が味気なくされたことか。けれども、それは新幹線の責任ではない。問題は、どう乗るかにある。東海道といえば新幹線、というふうに発想が短絡しては負けである。

かくいう私にしても、つい新幹線に乗る。とくに急ぐ必要のないときでも、しばしば乗る。そして、新幹線に「乗らされている」自分に気づく。そうした反省もあって、最近は新幹線の切符を買おうとするとき、一歩踏みとどまって「ほんとうに新幹線に乗る必要があるのか」と自問するようにしている。若干の効果はある。

やっかいなのは、東京発7時57分の在来線で静岡へいくつもりが、眠さに負けて「新幹線ならば9時40分発でも間に合う」と、またひと眠りするような場合である。

こんなこともあった。山陰へいく所用があり、東京発21時00分の「出雲《いずも》3号」の寝台券を入手しておいた。ところが当日、友人と酒を飲んでいるうちに愉快になり、出発を一時間おくらせて東京発22時00分の最終「こだま」で「出雲3号」を追いかけ、静岡に一一分早く着いて乗り継いだ。

東京―静岡間の新幹線特急料金むだ遣いの問題は別として、以上の例など、どう解したらよいのだろう。責任を転嫁すれば、新幹線の功罪、ということになろうが、そんな主体性のない態度ではいけない。読者の判断にお任せするが、自分では、鉄道よりも睡眠や酒のほうが好きになるときもあるのだと、そう考えている。

かように新幹線は「文明とは人間にとって何なのか」との問いを発してやまない存在で

あり、また、なるべく乗らずにすましたい鉄道なのであるが、必要があって新幹線に乗らねばならない場合はどうするか。新幹線は速いばかりで旅情がなく、退屈でつまらない、という人が多いけれど、乗るからには、たのしく乗りこなさなければ損である。

人によっていろいろなたのしみ方があるだろう。これを機に、いろいろな新幹線のたのしみ方を教えていただきたいと思うが、私の場合は、つぎのごとくである。

愛用しているのは二五万分の一の地図帳で、時速二〇〇キロの場合、見開き二ページ分を通過するのに約三〇分かかる。もうすこしくわしい地図のほうがいいかもしれないが、地図との照合のほかにもいろいろやることがあるので、私はこれで満足している。

車窓風景と地図との照合は新幹線や鉄道にかぎらず、旅のたのしみ方の基本だと思っている。とくに東海道の場合は人文地理的密度が濃く、また変動の激しい地域なので、二五万分の一でもなかなかにめまぐるしい。通るたびに新しい工場が現われたり、いままで気づかなかった寺を発見したりで、退屈することはない。

なお、地図など開いて窓の外をいっしょうけんめいに眺めていると、一般の乗客の目には、はじめて新幹線に乗ってうれしくてたまらないといった人間に見えるらしく、軽侮の横目でこっちを見たりするが、気にしないことにする。飛行機や新幹線に乗り慣れることをもって自分が偉くなったように錯覚している人が多いようだが、乗り慣れたら旅のたのしみは失われてしまう。

新幹線は踏切事故をなくすために、すべての道路と立体交差する。したがって田園地帯でも高架橋や高い盛り土の上を走る。その高さはわずかだが、意外に眺望がきく。琵琶湖の竹生島《ちくぶ》をはじめ、在来線からは見えないものがいろいろ見える。とくに名古屋・京都・新大阪駅付近では、既設の道路や線路を二段も三段もまたぐので、いっそう見通しがよい。

新幹線の列車ダイヤは一時間ごとに同じパターンがくり返される単純明快なもので、妙味には欠けるが、運転本数が多いので、すれ違う列車と『時刻表』とを照合するたのしみは十分にある。「ひかり」の場合、東京—新大阪間の三時間一〇分のあいだに、臨時列車がフル運転されている多客期なら四八、九本、閑散期でも三八、九本とすれ違う。平均四分ないし五分ごとにすれ違うわけだから、対向列車の時刻と駅間距離とを照らし合わせては、あと三〇秒ですれ違うはずだと予測し、ピタリとあたって快感を覚えたりしていると、退屈することはない。四、五分ごとの忙しい作業で、暗算でやっていては頭が痛くなるから電卓のたすけを借りるのもよいだろう。もっとも、こうなると正気の沙汰《さた》ではない。隣の席の客が気味悪がって席をかわるかもしれない。しかし、新幹線は在来線より線路容量に余裕があるためか、運転時刻がより正確であり、きちんとすれ違うので、この遊びをやるには新幹線が適している。

新幹線にかぎらず、在来線とも共通する車窓のたのしみ方となれば枚挙に暇《いとま》がない。富士山にかかる雲での天気の予測、四季おりおりの作物の出来具合、増築した工場や社員用駐車場の車がめっきり減った工場、北条早雲の小田原城から関ヶ原にいたる数々の史跡、関東から関西への民俗や文化の移り変わりなど、要するに日本の国土と歴史や産業、人々の生活に対する関心と知識があれば、車窓のたのしみは無限にひろがっていくにちがいない。

ジェット機は地球を小さくし、新幹線は日本列島を短くした。いつの間にかそれに慣らされた身が、たまに在来線に乗ってみると、日本が広く長くなる。東海道は長いのだということを実感する。

それなら歩いたらどうだ、もっと長くなるぞといわれても、いまさら困るが、かといって飛行機はもとより新幹線でも速すぎる。在来線が手ごろだと思う。新幹線のたのしみ方をいくつか述べたけれど、それは、新幹線だってたのしめないことはない、の域を出ないのであって、時間のつごうさえつけば在来線に乗りたい。いうまでもなく、このほうが味わいがある。

ところが、「在来線に乗りたくても大阪行の昼間の直通列車がないので」と、新幹線に乗る人が少なくない。また、「国鉄はけしからん。高い新幹線に乗せるために在来線では東京にいけんようにしてしもた」と怒る人もいる。昼間の直通列車を走らせても、通しで乗る客は少ないと国鉄が判断したのか、いわれるとおりけしからんのか知らないけれど、在来線にも、乗り換えの労をいとわなければ、直通同然といってよいほど接続のよい列車がつながっている。いずれも各駅停車または一部「快速」であるが、東京―神戸間の所要時間は約一〇時間半で、これは戦前の急行列車並みである。

御殿場線の魅力は丹那トンネル開通以前の旧東海道本線の遺跡であろう。補機の基地であった山北の荒れ果てた広い構内、単線化によって廃物となったトンネルなど、鉄道路線変遷の非情さを漂わせている。けれども、急勾配《こうばい》をのぼりつめれば明るい開けた御殿場の高原で、眼前に富士山がある。対照の妙といってよい。地形的にも内容的にも彫りの深い線区である。

粁程	三等運賃	驛名	列車番號	熱海行 221	下關行 25	燕 神戸行 11	熱海行 813	小田原行 815	大阪行 不定期 1009	急行 下關行 9	米原行 31
0.0	圓 錢	東京	發	8 15	8 25	9 00	9 05	9 35	9 45	10 00	10 15
1.9	5	新橋	〃	8 18	8 29	レ	9 09	9 39	9 49	10 04	10 19
6.8	10	品川	〃	8 24	8 36	レ	9 16	9 46	9 56	10 11	10 27
28.8	42	横濱	著	8 44	8 58	9 26	9 38	10 08	10 16	10 31	10 48
			發	8 45	9 00	9 27	9 39	10 09	10 19	10 34	10 51
46.5	74	大船	〃	レ	9 19	1・2・3	9 57	10 27	10 38	10 53	11 10
51.1	82	藤澤	〃	レ	9 25	(特別急行)	10 03	10 33	(不定期急行)	レ	11 16
54.8	86	辻堂	〃	レ	9 31		10 08	10 38		レ	11 22
58.6	93	茅ヶ崎	〃	レ	9 36		10 13	10 43		急行	11 27
63.8	1.00	平塚	〃	レ	9 43		10 20	10 50		レ	11 35
67.8	1.07	大磯	〃	レ	9 50		10 26	10 56		レ	11 42
73.1	1.16	二宮	〃	レ	9 57	レ	10 32	11 02		レ	11 50
77.7	1.22	國府津	著	9 28	10 03	10 09	10 38	11 08	11 05	11 20	11 56
77.7	1.22	熱海線 國府津	發	9 28			10 39	11 09	(不定期ニ付豫メ驛へ御問合セ下サイ)		
80.8	1.27	鴨宮	〃	レ			10 43	11 13			
83.9	1.31	小田原	〃	9 36			10 48	11 17		2・3	
86.0	1.33	早川	〃	レ			10 52	…			
90.4	1.40	根府川	〃	レ			10 59	…			
95.8	1.46	眞鶴	〃	レ			11 06	…			
99.1	1.51	湯河原	〃	9 53			11 11	…			
104.6	1.58	熱海	著	10 00			11 18	…			
77.7	1.22	國府津	發	…	10 16	10 09	…	…	11 10	11 25	0 02
81.5	1.28	下曾我	〃	…	10 23	レ	…	…	レ	レ	0 10
87.9	1.36	松田	〃	…	10 34	レ	…	…	レ	レ	0 21
93.6	1.44	山北	〃	…	10 47	レ	…	…	11 36	11 51	0 34
102.3	1.55	駿河	〃	…	11 05	レ	…	…	レ	レ	0 52
113.2	1.70	御殿場	〃	…	11 26	レ	…	…	レ	レ	1 13
128.4	1.89	裾野	〃	…	11 47	レ	…	…	レ	レ	1 35
133.3	1.96	下土狩	〃	…	11 55	レ	…	…	レ	レ	1 43
137.9	2.01	沼津	著	…	0 03	レ	…	…	0 40	0 54	1 51
			發	…	0 10	レ	…	…	0 46	0 59	2 00

御殿場線を経由していた東海道本線　ジャパントラベルビューロー『汽車時間表』(昭和9年11月号)より抄録

伊東線は単線であるが、孤軍奮闘、複線区間かと見まごうほど多数の列車を走らせている。週末急行の運転日には、その犠牲となって運休する列車があり、『時刻表』には「運転日注意」の注記がじつに多い。また伊豆急が乗り入れているので、国鉄と乗りくらべてみるのもおもしろい。景色はよく、とくに伊豆多賀から網代《あじろ》へくだる左窓の海の眺めは立体的だ。

身延線は日本三大急流

の富士川を知るためには絶好の線であり、また、車窓から見る富士山としては、この線の沼久保付近からがもっともかたちがよい。

清水港線は一日わずか一往復しか旅客列車が運転されない線として、つとに有名である。しかも発車ホームは貨物線の間にあり、列車もまた貨車を主とした混合列車である。操車係に化けて貨物列車に便乗したような気分にさせてくれる。

二俣線《ふたまたせん》は底抜けに明るい遠州路を、のんびりと走り、広沢虎造の「森の石松」の一節でもうなってみたくなる。昼寝向きの線でもある。

飯田線は「天竜川線」とでも呼びたいような線で、天竜川のさまざまな貌《かお》を見せてくれる。とくに落石と土砂崩れの危険に晒《さら》された大嵐《おおぞれ》—天竜峡間は迫力がある。史跡や景勝地に富み、途中下車したい駅が多いが、鈍行電車に乗り、九二の駅に停車しながら七時間かかって全線を完乗してみるのも、自分がどのくらい鉄道好きかを知る尺度になるだろう。

岡多線は岡崎城址《じょうし》を間近に見せてくれるが、やはりトヨタ色が強い。北野桝塚の車運車《しゃうんしゃ》（自動車運送用貨車）基地は壮観であるとともに、商売敵を載せた貨物は奇妙でもある。

武豊線《たけとよせん》は明治一九年（一八八六）の開業で、東海道本線の全通より三年も古い。けれども、名鉄に客をとられて振るわず、駅舎の鄙《ひな》びたさまは名古屋への通勤圏にあることを忘れさせる。名古屋市民が手軽にローカル線の旅情を味わうのに好個の線、といっては失礼にあたるかもしれないが。

樽見《たるみ》線《せん》は濃尾平野の北端から根尾《ねお》川（揖斐《いび》川の支流）の谷へとわけ入る線で、はじめのうちはビニール栽培の畑作地帯をいくが、しだいに美濃《みの》の山々の奥深さを予感させる探訪型路線である。線名は根尾村の中心樽見まで開通させようとの意図を示したもので、すでに路盤はほとんど完成しているが、現在は工事がストップしている。終点美濃神海《こうみ》のホームに立って、今日における鉄道建設とは何かを考えてみるのも、鉄道愛好者のつとめかもしれない。

以上、いろいろ偉そうなことを書いた。それで、最後に毒消しを一つ。私は、汽車旅の最高のたのしみは居眠りにあるのではないか、と本気でそう思っている。揺られながらトロトロと眠り、目が覚めると汽車が走っている。そこがなんともいえない。音楽会で居眠りするのは、聴いているよりも心地よいと断言する人もいる。

関東の巻

古くから「都見物」は、もっとも人気のある旅であった。そして、つい最近まで修学旅行の生徒たちが続々と東京を訪れていた。

しかし、だいぶ様相がかわってきた。東京の上野駅周辺には修学旅行用の旅館が集まっているが、客が減って苦慮しているという。都内の観光バスも減って、かつては、ずらりと「はとバス」が並んでいた東京駅の丸の内南口も寂しくなっている。「都見物」よりも自然への指向が強くなってきたのであろう。

まして、東京の住民は自然への指向がいちだんと強い。けれども、東京には自然がほとんどない。周辺も都市化や宅地化が進んで自然がどんどん遠くへ追いやられている。

じっさい、東京から鉄道に乗ると、六〇キロ、あるいは一〇〇キロぐらいまでは東京の延長であり、旅心地は湧いてこない。旅情というか自然というか、そうしたものにひたりたいとすれば、その圏外に出なければならない。時間と費用がかかる。東京に住んでいてよかったこと、わるかったこと、いろいろあるが、これはわるいことのほうに入る。一応、そういえる。

これから、いや、かならずしもそうではないのだということを書きたいと思う。遠くへいくばかりが旅ではない。東京でも、あるいはその周辺でも、その気になれば「旅」ができる、「旅」は身近なところにもあるのだということを、私なりに示してみたいと思う。素直でない見方や、むりが入ってくるだろうが、許していただきたい。東京の近くには鉄道旅行のたのしみはないと諦《あきら》めるのでは、やりきれない気がするからである。

まず最初は、わりあい素直なほうから入るとして、鉄道に乗っていると、急に旅心地が湧いてきてうれしくなる瞬間がある。それは都会的なものと自然との境目で起ることが多い。そして、その二つの対照がはっきりしているときほど、喜びが強くなる。

さいわい関東地方の周辺は、火山性の山々がつらなっていて、地勢が険しく、景色もよい。したがって首都圏との対照がきわ立っている。

西から列挙するとして、まず東海道本線であるが、小田原までは通勤圏であり、次の早川も家やカマボコ工場などが建て込んでいる。ところが、早川を過ぎて短いトンネルを抜けると、うれしい「瞬間」が訪れる。突然、相模灘《さがみなだ》が左窓に開け、伊豆大島がのぞまれるのである。ここから根府川《ねぶかわ》、真鶴《まなづる》にかけての車窓からの海の眺めはすばらしく、それが突然出現するだけに、おおいに演出効果がある。

中央本線で国電の終着駅高尾を過ぎると、にわかに山間《やまあい》に入る。つい二、三分まえまでとは眺めが一変する。

信越本線で磯部を過ぎ、妙義山が奇怪な姿を左窓に現わすあたりもいい。さらに碓氷峠《うすいとうげ》を連続するトンネルでのぼりつめ、最後のトンネルを抜けると、あたりがパッと明るく開けて軽井沢の高原に出る。この瞬間もみごとだ。

上越線では渋川に近づいて、右窓に赤城山が大きくひろがるあたりだろう。上越線は気候風土の境目をはっきりと見せてくれる線で、冬に乗ると沼田までは快晴で、そこからわずか二駅目の上牧《かみもく》では雪になることが多い。そして新清水トンネルを抜ければ雪国である。

東北本線は広々とした那須野台地をじわじわとのぼって、なんとなく福島県に入ってしまうので、ここという地点はないが、矢板を過ぎて左窓に那須岳が東北地方らしい青い空に、うっすらと噴煙をあげながら近づいてくると、陸奥《みちのく》の旅に出たのだなとの旅情が湧いてくる。東北新幹線では、はたしてどうなるかと心配だったが、やはり同じであった。

これらは、環境の変化という点で、全国でもきわ立っており、そこを通過するときの旅心地のよさは東京に住んでいてよかったとさえ思わせるものがある。

もっとも、これは関東地方から「出る」たのしさであって、関東や東京の魅力というわけにはいかない。それに、いまは下り列車に乗った場合で記したからいいけれど、逆の場合は惨めだ。とくに、碓氷峠をくだって妙義山が背後に去り、横川の釜《かま》めしも食べ終わって高崎の市街に入るあたりでは、宴《うたげ》のあと始末をしているような気持ちになる。

幹線での自然とのかかわりは、以上のようであって、関東地方を出る直前まで辛抱しなければならないが、ローカル線に乗れば、違ってくる。関東地方といえども、幹線鉄道や一級国道の沿線からはずれると、まだまだ鄙《ひな》びた地方色に接することはできる。とくに風景のいい線はないのだが、首都圏の雑踏と紙一重のところにあるだけに、それがかえって、のどかさを強く印象づけてくれるようでもある。

これも西からあげると、まず相模線。この線が電化もされず、単線のままであるのは、立地条件からみて奇異の感をいだかせるのだが、乗ってみると、まさにそれにふさわしく、相模平野にもまだこんなところが残っていたのか、というような鄙びた地域を走る。東海道本線、新幹線、小田急電鉄線、東名高速道路から見るのとは別の相模平野のようだ。とくに厚木から北がよく、乗客もローカル線らしい人たちになる。なお、一日四本だけ乗り入れる支線の西寒川《にしさむかわ》駅の風情は、僻地《へきち》のローカル線の終着駅に通じるものがあり、神奈川県にあるのを疑いたくなるような駅だ。

八高線《はちこうせん》も未電化の単線で、埼玉県をまっすぐ貫く高崎線と違って、関東山地の東縁に沿って、山襞《やまひだ》のまにまに曲がりくねって進む。拝島や八王子に近い南寄りは宅地化が進んだが、高麗川《こまがわ》あたりから北はローカル色が濃くなり、乗客が改札口を通らずにホームの生垣の隙間から出入りしたりするようになる。高崎線から見るのとは違った埼玉県である。

日光線は観光路線で電化もされているが、観光客を東武鉄道に奪われて、しだいにローカル線の味わいが濃くなってきた。文挟《ふばさみ》付近と今市—日光間で見られる日光街道の杉並木のみごとさは、これを見るためだけに日光線に乗りにいってもよいほどだ。

足尾線では鉱毒、公害のイメージとは違った印象を受ける。線路に沿う渡良瀬《わたらせ》川の水は見た目には清く、上神梅《かみかんばい》、水沼、花輪などは、駅名にふさわしく水と花に富んでいる。鉱山鉄道として敷設されたためであろう、線路は川とともにくねくねと曲がり、黒部峡谷鉄道に乗っているような錯覚を覚える箇所もある。

鹿島線は、鹿島臨海工業地帯から新東京国際空港へのジェット燃料などを運んでいる新しい線で、開業が昭和四五年（一九七〇）、ほとんどが高架または鉄橋で電化もされており、新幹線に乗っているような感じの近代路線だが、なにしろ利根川の本流、与田浦、常《ひた》陸《ち》利根川、北浦などがつぎつぎと立ちはだかる水郷地帯を、惜し気もなく長い鉄橋を架けて渡っていくので、水の眺めを存分に満喫できる日本ではめずらしい線である。とくに一二三六メートルの北浦橋梁《きょうりょう》は、川を渡るのと違って橋の下はすべて湖面であり、オランダのロッテルダムあたりを走っているかのようである。

木原線《きはらせん》は、私鉄の小湊鉄道とセットにして乗ると房総半島の内陸部がわかってよい。この半島の海岸線は海水浴でよく知られているし、開けてもいるが、内部はまことに鄙びていて、東京から一〇〇キロ圏内にあるとは思われないほど田舎である。なお、木原線は、その名が示すように木更津と外房州の大原とを結ぼうとした線であり、小湊鉄道も同じく外房州の小湊を目ざした線であった。けれども、戦争や資金難で志を果たすことができず、心ならずも途中の上総《かずさ》中野で手を結んだかたちになっている。その上総中野は駅舎もホームも両者の共用で、色合いの違うディーゼルカーが仲よく並んで午後の陽を浴びている姿は、もの哀しくも、ほほえましい。ただし、木原線は廃線候補にあげられている。

ローカル線ではないが、乗ってみて意外だったのは武蔵野線であった。中央本線、東武東上線、東北本線、東武伊勢崎線、常磐線と交差するあたりでは家が建て込むのだが、そのほかの沿線は、まだ田舎のおもかげを残しており、新松戸—新八柱《しんやはしら》間では茅葺《かやぶ》きの農家さえ見かけた。寒々広々とした荒川橋梁上からの眺めも、東京の近郊とは思えないものがある。都市化とは、ひろげた手の指のように鉄道に沿って放射状に延びていくものであり、その指と指との間の地域には、まだまだ自然が残っていることを知らせてくれる線である。

最後に鶴見線は欠かせない。鶴見線は京浜工業地帯の埋立地を走る線で、目に入るのは工場と運河と平底船と石油タンク等々であって、自然がまったくない。駅名にしても、工業地帯造成に貢献した財閥たちの名がつけられたりしている。もとは海で、地名がなかったからである。

このように鶴見線は自然と徹底的に無関係な線である。けれども、味も素っ気もないかというと、そうではない。むしろその逆で、なんとも不可思議な雰囲気につつまれていて、一種の旅情さえ醸し出しているのである。そこには、真昼の空白、群衆のなかの孤独に通じるものがある。

鶴見線の見どころは、大川支線の一・〇キロを一両で往復している老朽電車のクモハ一二と、浅野から分岐する支線の終着駅海芝浦であろう。海芝浦は東芝工場への通勤者だけのための駅で、改札口が工場への入口となっている。ホームは京浜運河に接しており、柵《さく》の上から首を出せば、直下約一〇メートルに海面がある。海は意外にきれいで、波のない日であれば底が透けて見える。

鶴見線は、朝夕は工場への通勤者で混雑するが、昼間は閑散としているし、休日はゴースト＝タウンと化して静寂そのものとなり、電車だけが空っぽで走っている。まさに「都会の秘境」といってよい。東京駅から二本の支線をふくめて全部乗っても二時間余、運賃も一〇〇〇円ちょっとであるから、「旅行にいきたいが時間も金もない」となげく人には、ぜひ鶴見線をとすすめることにしている。とにかく、遠くへいくばかりが「旅」ではないことを教えてくれる線だ。

東京にいておもしろいと思うのは、各方面からやってくる列車が見られることである。この線路がつながっている本州と九州とを合わせると、東京都を除いて四〇府県ある。このうち東京への直通列車がないのは奈良県だけで、他の三九府県からは乗り換えなしで東京にこられる。ちなみに、大阪に直通するのは三一府県で、名古屋は二八府県である。

列車は地方の香りを、なにがしかは運んできてくれる。近時とみに香りが失《う》せ、とくに東海道方面においていちじるしいが、上野駅にいけば雪を積んだ列車が入ってくる。ジェット機にはできないことだろうと思う。

列車の行き先や種別だけでなく、電車区、客貨車区、機関区の広くて車両の豊富なこと。私は車両の知識に乏しいので、どこがどう違うのかわからないことが多いが、車両ファンにとっては、やはり東京はもっとも魅力のある土地ではないだろうか。

コンピューターで無人化された武蔵野操車場、黒磯や取手―藤代《ふじしろ》間における交流直流の切り換え、碓氷峠の一〇〇〇分の六七の勾配《こうばい》と粘着式EL、さらに私鉄まで範囲をひろげれば、箱根登山鉄道のスイッチ＝バック、西武鉄道のSL列車まで入って、各社のロマンスカーとともに関東の鉄道は多彩だ。

それから、鉄道記念物。日本最初の鉄道がしかれた地方だけに、交通博物館の一号機関車、汐留《しおどめ》駅の0マイル標識、大宮工場のED四〇、品川東海寺の井上勝《まさる》の墓をはじめ、鉄道記念物の指定のあるなしにかかわらず、その豊富さは抜群である。東京駅にいけば、原敬《たかし》や浜口雄幸《おさち》の受難の場に目印がはめ込まれ、行き交う人に踏まれつづけている。

近畿の巻

鉄道の旅は、一見、単調なものである。線路は規格化され、その上を走る車両も、大同小異で、日本全国どこへいっても、乗り心地は似ている。だいたい、鉄道とは、統一国家の象徴であり、中央集権のための動脈として敷設されてきた。それは、地方の特色を温存するのとは逆の方向に作用してきたのであり、鉄道網が張りめぐらされるにつれて、各地方の習俗は東京へと近づいたのであった。

車窓風景も、おおざっぱに眺めるかぎり、似たり寄ったりで、北海道や雪国を除けばきわ立った変化はない、といってよいだろう。とくに鉄道の場合、景色のよいところ、つまり地勢の険しいところにさしかかると、トンネルに入ってしまうという宿命をもっているので、なおさらである。

では、鉄道の旅は全国一律、どこへいっても同じかというと、そうではない。どの線区に乗っても、共通点のほうが多いことは確かであるけれど、やはり違いがある。同じようでありながら、微妙な違いを感じる。

突発的な連想で恐縮であるが、それは、モーツァルトの音楽に似ているのではないか、と私は思う。彼の音楽は、代表作とされるものを数曲聴けば事足りるような明快な個性と共通性がある。にもかかわらず、モーツァルトが好きになれば、同工異曲の六二六曲の全部を聴かずにはいられない。そこには、軽重明暗、悲喜こもごもの微妙な違いがあって、ピアノ協奏曲の二〇番を聴いたから、二一番は聴かなくてすむというものではない。そうやって深入りしていくうちに、モーツァルトの世界は、果てしなく広くなっていくのである。

連想や比喩《ひゆ》での話は、ほどほどにしなければいけないが、鉄道の旅も同じではないかと思う。同工異曲のなかの微妙な差異に関心を寄せているうちに、日本はどんどん広くなっていく。私は国鉄の全線に一度は乗ったことがあり、また一度では飽き足らずに、季節をかえて二度目の完乗を目ざしているような人間であるから、そのような体験のうえで、あえていえば、乗れば乗るほど日本は広くなる、というのが実感である。

私は最近、外国へいく機会に何回かめぐまれ、諸国の鉄道に乗ってみている。風景や乗客はもとより、車両の構造や鉄道運営の流儀など、なにからなにまで、ものめずらしいことばかりで、おもしろくてたまらないけれど、外国の鉄道の味を知ってしまったら、日本の鉄道はつまらなくなるかというと、けっしてそうではない。外国での鉄道旅行のおもしろさは、異邦人としてのおもしろさであり、日本のそれとは、味わい方の立場が違うのである。外国の鉄道に乗りながら、日本の鉄道への郷愁を感じることがしばしばであったのも、そのためであろう。

このあたりの事情は読者とともに、もっとよく考えてみたいし、いずれふれる機会もあると思うが、かような前置きを書く気になったのも、この巻におさめられた国鉄の二一線区のほとんどが、いかにも渋い線区だからである。

それは関東地方と同じく、大都市圏内にあること、観光の中心が自然よりも京都・奈良の古都にあることなどによるが、もう一つ国鉄をパッとしないものにしているのは、近畿地方が私鉄優位の地区だからであろう。私鉄におされて国鉄は、近郊、遠郊の落穂拾いを余儀なくされているかにみえる。

しかし国鉄も、京阪神間のドル箱路線では負けてはいられない。急行券不要の快速電車を走らせ、大阪―京都間のごときは四二・八キロを二九分で走破している。表定速度は八八・五キロで、北陸本線の「雷鳥」や東北本線の「はつかり」などに匹敵する高速である。その結果、図に示したように、正規の急行列車を追い抜くという珍現象をみせてくれる。しかも、大阪―京都間は上下各二線の複々線で、両者並行して走りながらの追い抜きであ

	列車番号		228M	760M	3638M		501	482M	4803	9803	866M
	列車名						急行 きたぐに		急行 ちくま5号	急行 ちくま51号	(松本 白
487.7	大久保〃	…	…	1024	レ	…	…	…	…	【大阪発9月12日運転】	2136
490.5	西明石 着	…	…	1027	レ	…	…	864M	…		2139
	西明石 発	…	…	1029	レ	…	…	2120	…		2140
493.9	明石〃	…	…	1033	1041	…	…	2124	…		2144
500.2	垂水〃	…	…	1038	レ	…	(A ★ は新潟まで連結)	2130	…		2150
506.0	須磨〃	…	…	1044	新快速	…		2135	…		2156
511.5	兵庫〃	…	…	1050	レ	…		2141	…		2201
513.3	神戸〃	…	…	1054	1100	…		2144	…		2204
515.0	元町〃	…	402M	1057	レ	…		2146	…		2207
515.8	三ノ宮〃	— —	急行	1059	1105	— —		2148	— —	(運転日注意)	2208
520.5	六甲道〃	…	(比叡)	1103	レ	…		2153	…		2213
527.2	芦屋〃	…		1110	レ	…		2159	…		2219
531.0	西ノ宮〃	…		レ	レ	…		レ	…		レ
546.4	大阪 着	…		1127	1129	…		2214	…		2234
	発着番線		⑨	⑦	⑧		⑪	⑧	⑪	⑩	⑧
546.4	大阪 発	…	1125	1132	1130	…	2210	2215	2220	2232	2235
550.2	新大阪 着	…	レ	1135	レ	…	2215	2218	2226	2237	2238
	新大阪 発	…	レ	1136	レ	…	2216	2219	2227	2238	2239
561.0	茨木〃	…	レ	1144	レ	…	レ	2227	レ	レ	2247
567.6	高槻〃	…	レ	1150	レ	…	レ	2233	レ	レ	2253
589.2	京都 着	…	1200	1206	1159	…	2251	2250	2300	2312	2311
	京都 発	…	1201	1207	…	…	2256	2251	2301	2313	2313
594.7	山科〃	…	レ	1213	…	…	レ	2256	レ	レ	2318
599.2	大津〃	…	1211	1218	…	…	2308	2301	2313	2325	2323

急行を抜く普通電車　新快速（急行券不要）を含めて3本の普通電車が、新大阪—京都間で急行を抜いている。
（日本交通公社『時刻表』昭和56年9月号より抄録）

る。

　このような近畿圏ならではのおもしろいこともあるが、がいして近畿の国鉄各線は地味である。

　けれども、つまらないかというと、そうではない。きわ立ったところはないけれど、どの線も齢《よわい》をかさねた、渋い「熟年」の魅力がある。少年ファン向きではないかもしれないが、中年ファンには身につまされるような滋味がある。しかも、通勤圏の拡大にこたえて若返りを策したりもしていて、いじらしい。鉄道の役割と、そのしぶとさを考えさせてもくれる。以下、各線区の表情をみることにしよう。

まず関西本線。大阪と名古屋を結ぶ最短路線でありながら、東海道本線に負け、近鉄に負け、名ばかりの幹線になった。湊町―奈良間は複線電化で、通勤輸送の一翼を担っているが、他の区間は没落した旧家のような風情を漂わせている。木造のどうどうたる駅舎、石積みの老朽化した橋梁《きょうりょう》、そこには大柄なローカル線といった味わいがある。何本かの客車列車もディーゼル機関車に牽《ひ》かれて走っており、そのうち、名古屋発18時00分の「津行」のごときは、夕方のラッシュ時の下り列車であるのに、乗客は少ない。それが近鉄電車につぎつぎと抜かれながら、悠々と木曾川や長良川の長い鉄橋を渡っていく。時代離れした姿が印象的である。

紀勢本線は白浜や勝浦の二大温泉を擁し、天王寺からは振子電車特急が快走する陽のあたる線区である。沿線風景はもとよりよいが、私としては無電化区間の新宮以東、とくに三瀬谷―紀伊長島間の深い杉木立や、尾鷲《おわせ》―熊野市間のトンネルの合間からちらっと姿をみせる小さな漁村の佇《たたずま》いが好きだ。

伊勢《いせ》線は名古屋と津、松阪、熊野方面とを短絡させるために建設された新線で、「紀伊勝浦行」の特急などが走っている。輸送密度が低いために、形式的な廃線指定を受けたが、存続はまちがいないだろう。新幹線型の味気ない路線であるが、高架橋の上を走るので、伊勢平野や鈴鹿山脈の眺めはよい。

名松線《めいしょうせん》は、名張と松阪とを結ぼうとして名づけられたが、昭和一〇年（一九三五）に伊勢奥津《おきつ》まで開通したまま延長されず、今回の廃線指定を受けるにいたった。きわめて影の薄い線で、松阪から一三キロほど近鉄とほぼ並行しながら、それよりずっと鈍足で走り、ようやく近鉄が見えなくなると雲出川《くもず》という中ぐらいの川に沿ってのぼる。駅名は、「伊勢」を冠したものが多く、「伊勢鎌倉」という無人駅もある。終点の伊勢奥津は名前ほど奥まったところではなく、もっと先まで乗りたくなる。あまり特色のない線で、淡泊な味のローカル線といったところである。

参宮線は伊勢参宮の客でにぎわった線で、かつては複線であったが、戦時中の「鉄材供出」で単線にされた。複線時代の広い路盤が往時のおもかげをとどめ、哀れを誘う。

草津線は京都から近く、東海道本線に直結していることもあって、沿線の宅地化が急速に進み、電化された。貴生川《きぶかわ》から先、忍者の里の甲賀《こうか》あたりは松林のなかを駆け抜けて爽《さわ》やかだったが、ゴルフ場などもできて、開けてしまった。むしろ関西本線との接続駅、柘《つ》植《げ》の静寂さを買いたい。

信楽線《しがらきせん》は、発展する草津線の支線であるのに廃線指定を受けた。この線の不運は向きが逆な点にある。貴生川から東へと延びる支線であったなら、利用者も多かったろうに、西へと逆もどりしているため、京都方面への客はバスでいってしまう。それにしても信楽線の駅名は高雅で、雲井、勅旨《ちょくし》とつづく。沿線もそれにふさわしく、神域のような気品のある杉木立のなかをひっそりと走る。終点の信楽はタヌキの焼物が目について興醒《きょうざ》めではあるが。

奈良線の京都―奈良間の所要時間は約一時間一〇分、これに対し近鉄は特急で三三分、頻発する急行でも四〇分である。比較にならないが、奈良線に乗れば稲荷、桃山、木幡《こはた》、黄檗《おうばく》、宇治と停車し、駅名に通じる眺めもある。宇治川の清流を渡るあたりがハイライトだろうか。

桜井線は奈良盆地の東縁、南縁を迂回《うかい》する線で、三輪山や大和三山を間近に望み、万葉のむかしを想起させてくれる線である。この一帯も宅地化が進んで桜井線も電化されたが、古代史を彩る山々は荒されていない。

和歌山線は、紀ノ川に沿うのどかな線である。和泉山脈を北に背負い、明るく温暖な広い谷をいくので昼寝向きだ。しかし、この線も大阪方の王寺―五条間が電化され、通勤電車が走るようになった。なお、奈良盆地から紀ノ川流域への峠を越えた地点にある北宇智《きたうち》は、近畿地方唯一のスイッチ＝バック駅になっている。大都市圏への通勤電車とスイッチ＝バックの組み合わせはめずらしい。

大阪近郊の線区には、電化は途中までそこから先は未電化という、木に竹を継いだようなものが多い。片町線《かたまちせん》はその典型で、片町―長尾間は複線電化、長尾―木津間は単線未電化、一本の線区でありながら、直通列車は一本も運転されていない。長尾で乗り換えると、これが同じ片町線かと思うほど、乗り心地も沿線風景もかわる。

阪和線《はんわせん》は、戦時中に国鉄に買収されるまでは、阪和電気鉄道という私鉄であった。並行する南海鉄道との競争意識はものすごく、阪和天王寺―阪和東和歌山間の六一・二キロを四五分で突っ走る超特急を運転していた。表定速度は八一・六キロで、「つばめ」も遠く及ばなかった。現在も、その伝統を受け継いでか、国鉄の振子特急「くろしお」が同区間を四五分で走っている。

大阪環状線は東京の山手線に相当する線であるが、山手線と違って、もっぱら商工業地帯を循環しているので、大阪の体臭がムンムンするような線だ。天王寺付近を除いては全線高架で、とくに昭和三六年に開通した西側の半分はいちだんと高く、大阪の町を眺めるには具合がよい。一周三八分というのも手ごろで、私は大阪駅での待ち時間を利用して、ときどき、ひとまわりしている。

その大阪環状線の西九条から西へ派生して安治川の河口の工業地帯へ向かうのが桜島線で、利用者は定期券の客ばかりらしい。昼間に乗ると閑散としており、都会のなかの空白がある。はじめて乗ったときは桜島の駅員に、なにしにきたのか、といわんばかりの怪訝《けげん》な顔つきをされたが、チャレンジ二万キロの今日では、そうしたこともないだろう。

福知山線は私の好きな線区で、まず尼崎の先での上下線の離れ具合がおもしろい。下り線の場合は、ずいぶん遠まわりしながら東海道本線をまたぐ。この線も宝塚まで電化されたが、宝塚を過ぎると景観は一変し、武庫川の峡谷に入る。大阪からわずか三〇分余の近距離にあるのが、信じられないくらい深く、露岩と松の美しい谷である。列車は崖《がけ》っぷちのきわどいところをカーブしながら、ゆっくり走る。それだけに谷の眺めを存分に観賞できる。現在、線路のつけ替え工事が行なわれており、やがてトンネルばかりになるはずだから、いまのうちに乗っておかれるとよいと思う。

高砂線《たかさごせん》に乗って山陽本線をまたぐと、田んぼのなかの小駅、野口に着く。すぐ左に別府《べふ》鉄道の可愛らしい気動車を見ることができるだろう。眼福である。次の鶴林寺で下車すれば、すぐ右手に同名の寺があり、じつに愛らしい白鳳仏《はくほうぶつ》を拝むことができる。終点の高砂は駅と鼻をつき合わせてマーケットがあり、バスからおりたような錯覚を覚える。この線も廃線指定を受けている。

加古川線は、文字どおり、加古川に密着した線で、沿線にこれといった見どころのない点では、国鉄屈指といってよいだろう。ただ、行商のおばさんたちが多いのでにぎやかだ。

この線から三木線、北条線、鍛冶屋線《かじやせん》の三つの支線が出ている。いずれも地味な線である。これらの三線と加古川線との接続はなかなかよくできていて、うまくスケジュールを組むと、四時間半で四線区八二・三キロを完乗することができる。

播但線《ばんたんせん》の区間は飾磨港《しかまこう》―姫路―和田山であるが、飾磨港―姫路間の旅客列車は一日わずか二往復で、姫路以遠への直通列車はなく、姫路駅の発着ホームも離れている。実態は姫路を境にまったく別の二線区にわかれており、『時刻表』でも別個に記載している。飾磨港は、あっけらかんとした貨物駅で、人間がおりるのは場違いな感じさえする。

姫路―和田山間は播磨《はりま》と但馬《たじま》を結んでいるから、正真正銘の播但線で、近畿地方もこのあたりまでくると、風土的には中国地方となり、褐色の土に低い松が生えている。白壁の土蔵を眺めながら播州平野を北へ向かうと、生野の手前で分水嶺《ぶんすいれい》を越える。陰陽の境で、冬であれば、晴れから雪や霙《みぞれ》に一変するだろう。少なくとも但馬に入れば播州の青空はない。日本は広い、と思わせる線である。

山陽・四国の巻

観光ガイドブックの類で、もっとも売れ行きがよいのは京都の巻で、これに対して、いちばん人気が薄いのは四国だという。私事ながら私の本籍地は四国の香川県なので、おもしろくない。おクニはどこかと尋ねられて、香川県ですと答えると、ああ神奈川県ですかといわれることもある。

対岸の山陽地方も、あまり人気があるとは思えない。パック旅行の募集広告などを見ても、山陽は少ない。

山陽と四国の間には瀬戸内海があるではないか、といわれるかもしれない。たしかに瀬戸内海は第一級の景勝地である。けれども、瀬戸内海のよさは島々の集団が形成しているのであって、焦点になるスターに乏しい。茫洋《ぼうよう》としている。そこに瀬戸内海のよさがあると思うけれど、人々は船旅をたのしむだけで通り過ぎてしまい、沿岸の山陽や四国には強い関心を示してくれない。

悪いことを先に全部いってしまう。

山陽、四国ともに瀬戸内海に沿って鉄道がしかれている。けれども、それらの車窓は意外に瀬戸内海を見せてくれない。山陽本線の車窓から海が見える区間は、須磨付近、尾道付近と広島—岩国—柳井間、徳山—防府《ほうふ》間にすぎず、全体の一五パーセント前後で、あとは、だいたい山や田畑である。昭和二八年（一九五三）、山陽本線に初の昼間特急「かもめ」が登場したとき、内田百閒《ひゃっけん》さんが、あれは「かもめ」でなくて「からす」だと皮肉ったが、そういわれてもしかたがない。

山陽新幹線となると、これはもうトンネルだらけで、昼と夜との差が少なく、瀬戸内海とも無縁となっている。

四国側では予讃本線があるが、これまた瀬戸内海を見せてくれる区間が少ない。今治《いまばり》を過ぎてから松山の手前までと、松山の先の伊予市から伊予長浜にかけては海岸を走ってくれるが、あとは、ごくわずかである。高徳本線も香川、徳島の県境でのちらりだけといってよい。

もともと鉄道は、景色を見せるためにしかれたのではない。もっと切実な要請によって建設されたものである。しかも、海岸に線路をしけば敵の艦砲射撃を受けるから山の中に入れ、との軍部の発言も強かったという。また、海辺を走らせれば波に削られる心配もあっただろう。できるだけ海岸を避けるのが鉄道敷設の基本だったのだ。

いまにして思えば、もうちょっと「車窓観光」の配慮をしておいてくれたなら、と思う区間が全国いたるところにあるけれど、いまとむかしとでは時代が違う。それどころか、戦時中の山陽本線に乗れば窓を閉めさせられさえした。軍艦が見えては機密上、具合が悪いからであった。当時の瀬戸内海西部は、大きな軍港のようになっていたのである。隔世の感ありといわざるをえない。

いまでも山陽本線に乗ると、戦時中を思い出す。そして、今日の平和をありがたく思う。とうぜんのことであって、ありがたがる必要はないのかもしれないが、世代とはそういうものなのだろう。寝台特急の「あさかぜ」に乗って広島で夜が明け、わずかではあるが左窓に瀬戸内海が見えてくると、生きていてよかったと思う。

けれども、それだから山陽路の鉄道旅行はたのしいといっても、若い世代には通用しないだろう。そこで、以下、すこし苦しい点はあるけれど、魅力を探ってみることにする。

山陽新幹線はトンネルが約五〇パーセントを占め、長大なトンネルが多い。トンネルのなかでは、することがないので困るが、通過時刻を予測し、計測するというたのしみはある。新関門トンネルは一万八七一三メートル、六甲トンネルは一万六二五〇メートル、安《あ》芸《き》トンネルは一万三〇三〇メートルといったことは鉄道書に書いてあり、新幹線の時速は二〇〇〜二一〇キロであることはわかっているので、これをもとに通過時刻を計測する。新関門トンネルは出口が小倉駅に近いため、トンネル内で減速するし、新神戸に停車する列車も六甲トンネルの出口に近づくと速度をさげるのでやっかいだが、入口から出口まで速度を落とさない安芸トンネルのような場合は、時速二一〇キロならば三分四三秒、二〇〇キロなら三分五四秒という計算になる。このくらいの計算は数字に強い人であれば暗算でできるだろう。私も頭の体操のためと思って暗算でやるように心がけている。暗算でやるにしては相当にむずかしい計算なので、うんうんいっているうちにトンネルを抜けてしまうこともあるが、予測と五秒とは違わずにトンネルからパッと外に出たときは気持ちのよいものである。

こうしてトンネルから出ると、新幹線は高架橋を走るので在来線とは違った眺めに接することも多い。姫路城が見え、広島の市街地を見渡すこともできる。福山が意外に大きな町であると知ったのは、山陽新幹線の車窓からで、帰宅してから調べてみると、人口が三三万もある都市だった。

在来の山陽本線は「かもめ」ではないが、いまや「からす」でもない。この線の車窓の主役は「工業」になったと私は思う。とくに徳山から福川にかけて延々と左窓につづく精油所の眺めは宇宙都市のようだ。夜景もまた、目を見張らされるものがある。

このような見どころやたのしみ方が山陽新幹線や山陽本線にはあるけれど、山陽地方の鉄道の魅力は、本線から派生して中国山地にわけ入っていく支線にあると思う。そして、その主役は「川」である。

川は交通路の母だ。山中に入れば道路も鉄道も母に手を引かれた幼児のように川に沿う。もし、この川がなかったなら、この鉄道はないのだろうな、と思いながら私は川を眺める。ときに、くねくねと蛇行したり、崖《がけ》をつくったりして鉄道敷設者を困らせるが、けっきょくは鉄道を導き、峠の下まで連れていってくれる。分水嶺のトンネルの入口で鳴らす警笛は、ここまで自分を導いて痩《や》せ細った母なる川への別れの挨拶《あいさつ》のように聞こえる。

山陽地方には、さして有名な川はない。けれども、明るくて伸びやかな川が多く、それに鉄道が沿っている。

岡山県に入ってまもなく現われる吉井川は、知名度は高くないが、広い河原と豊かな水量の悠揚とした川で、これには私鉄の同和鉱業片上鉄道線《かたかみてつどうせん》が寄り添って、津山の近くの柵《やな》原《はら》までいく。

岡山からの津山線を導くのは旭川である。もっとも、津山線と旭川との相性は、あまりよくないようで、比較的早めに別れてしまう。

倉敷からの伯備線は高梁川《たかはし》に沿っていく。伯備線は昭和四七年、新幹線が岡山まで延長されたのを機に、山陰と関西とを結ぶメイン＝ルートとして白羽の矢を立てられた線区で、備中高梁までの複線化や線路のつけ替えが行なわれ、昭和五七年七月には全線の電化が完成して振子電車の特急が走りはじめるという、陽のあたる座の線区である。この伯備線は、高梁川に徹底的に寄り添い、鳥取県との県境の谷田峠《たんだわ》までさかのぼる。この間、高梁川は下流から中流、上流へとその姿をかえていく。明るくおだやかな流れは備中高梁を過ぎると一変し、石灰岩の山を刻む峡谷となり、最後は細い流れにかわる。伯備線の上り列車に乗って、高梁川の源流から下流までを眺めていると、スメタナ作曲の「モルダウ」を聴く思いがする。

なお、倉敷―備中高梁間の複線区間では、下り線からは川が見えるが、新設の上り線はトンネルという箇所がいくつかある。また、備中高梁以北の線路のつけ替え区間で新旧路線を対比してみるのも、おもしろい。

広島からの芸備線《げいびせん》も太田川の支流の三篠川《みささ》に沿うが、本流の太田川にどこまでも沿っていくのは可部線である。蛇行する川の流れのままにS字形をつないだようにしてさかのぼるので、陽光が左窓からさしていたかと思うと右窓にかわり、それをくり返す。ブラインドが両側ともにおろされる心配があるが、幸か不幸か乗客は少なく、右や左から「山陽」にふさわしい陽光がさし込む。終点の三段峡まで河原は広く、川と山間の小集落が点在するだけなので眠くなる。昼寝向き線区である。

太田川と対照的なのが、岩国を流れる錦川で、有名な錦帯橋から上流は谷が深く険しい。この川に沿うのは岩徳線《がんとくせん》の川西から分岐する岩日線《がんにちせん》で、木曾谷を思わせる奥深い谷の右岸に張りつくようにしてさかのぼる。対岸の狭い段丘上の小集落と駅とを結ぶ吊橋《つりばし》は一幅の絵であり、おだやかな川の多い山陽地方にあって、岩日線は異色である。錦川は、しばしば氾濫《はんらん》を起こす暴れ川で、錦帯橋が、あのような設計になっているのも増水時にそなえたからだという。

川に沿って線路がしかれる場合、分水嶺《ぶんすいれい》の近くまでA川をさかのぼり、峠のトンネルを抜けるとB川に沿ってくだるというかたちがふつうである。中央本線や奥羽本線のように山と盆地を縫ってながながと走る線区の場合は別だが、短い線では二本の川ですますのがほとんどである。その点、山口線は、さしてながい線区でもないのに欲ばりで、三本の川を利用している。まず椹野川《ふしの》をさかのぼり、つぎに阿武川の支流に沿ってくだり、別の支流に沿ってのぼり、最後は益田川沿いにくだっている。山口線の花形の蒸気機関車はにが手の峠越えを二度もやらなければならないわけだが、それが蒸気機関車撮影の好適地にもなっている。

四国では、まず吉野川である。下流から中流にかけては、徳島本線の車窓から堪能できる。徳島平野を西に進むにつれ、南から四国山脈、北からは讃岐《さぬき》山脈が、じわりじわりと迫ってきて、しだいに吉野川が狭まり、川底の岩礁が現われ、瀬をなしていく。目立ったところはないが、じょじょに変化していくところは、さすが四国三郎（吉野川の別称）の貫禄《かんろく》というべきだろう。

土讃本線に乗って讃岐山脈を猪鼻トンネルで抜け、箸蔵《はしくら》付近から見おろす吉野川も、国鉄の車窓風景のなかでは屈指のものである。

そして、阿波《あわ》池田を過ぎれば、吉野川が四国山脈を横断し、大歩危《おおぼけ》、小歩危《こぼけ》の景勝地をつくっている。岩の間を煮えたぎるようにして流れる谷の眺めもさることながら、窓に顔を寄せて見あげれば、急傾斜でそそり立つ山肌に段々畑と人家が見える。たのしさをこえた厳しい景観である。

土讃本線は変化に富んでいる。箸蔵からの眺望、大歩危、小歩危、スイッチ＝バックの新改駅《しんがいえき》、土佐久礼《とさくれ》―影野間で、高い位置から見はるかす太平洋……。そして、窪川から土讃本線の延長ともいうべき中村線に入ればループ線と「入野の松原」がある。

乗っているうちに、南国の気がぐんぐん高まってくるのがたのしい。

中村線の終点の中村から太平洋に流れ出る四万十川《しまんと》は、四国西南部の複雑な地形を象徴するかのように奇怪な流れ方をしている。地図を開いて中村から四万十川をさかのぼっていくと、西北に向かって江川崎《えかわさき》に達すると反転し、蛇行しながら逆に海に迫っていて、そこに窪川や影野がある。窪川や影野は海から数キロしか離れていない。長い川なのに上流が海の近くにあるという不思議な流れ方をする川である。

さすがに中村線は、こんなややこしい川とはつき合えないとばかり、ループ線でいっきに海岸へと駆けおりる。

この四万十川に沿うのは予土線《よどせん》で、中村線の若井から分岐して江川崎まで、四万十川の本流に導かれている。

けれども、蛇行する川のまにまに右往左往はしない。まっすぐトンネルを掘り、容赦なく鉄橋を架け、四万十川の流れの半分か三分の一くらいの距離で江川崎に着いている。

予土線の江川崎―若井間が開通したのは昭和四九年であり、中村線も土佐佐賀までが三八年、中村までが四五年で、いずれも新しい線である。だんだんお母さんのいうことを聞かなくなった子どものようではある。

九州の巻

国鉄の線路図のなかで、もっとも複雑に線路が入り組んでいるのは東京付近と北九州であろう。

東京付近は人口も多いから当然だが、北九州が複雑なのは炭鉱線が筑豊地区に集まっているからである。しかも、東京と違って筑豊の町の名や駅名はなじみが薄い。そのせいか、ひときわ複雑に見える。

私は日本中の国鉄路線をあちこち乗りまわっているうちに、いつの間にか全線路図を暗記してしまったが、最後まで覚えられなかったのは北九州、とくに筑豊地区であった。

ところで、こういう地域の場合、A駅からB駅へいくのに、いくつかの経路が考えられる。もちろん最短経路は一つであるが、列車の時刻や乗り換えなどによって、最短経路がかならずしも所要時間において最短とはならない。そこで客としては、時間がかかっても運賃の安いほうでいくか、それとも早くB駅へ着けるほうにするかの選択をしなければならない。切符を売る側にしても、どっちの経路を通るかと、いちいちたずねていたのでは、わずらわしいし、手間もかかる。どちらを通ろうと運賃に大差はないことであり、面倒なことは客にとっても国鉄にとっても、お互いに迷惑だ、ということで、路線の入り組んでいる地域内での乗りおりについては、運賃は最短距離で頂戴《ちょうだい》します、ただし経路についてはご自由です、ということになった。それが適用されたのは、東京近郊、大阪近郊、福岡近郊の三つの地域である。

この処置は、動機が省力化にあるとはいえ、客にとっても好ましいことで、いっそのこと日本全国に及ぼしてくれたら私など大喜びするところだが、それはとにかく、世の中には知恵者がいるもので、この制度を活用あるいは悪用して、わずかな運賃でその百倍に相当するような旅を企てる。

次ページの図は「福岡近郊区間」の場合で、この範囲内であれば経路は自由選択であり、博多から箱崎まで二・八キロの切符、つまり、国鉄の最低単位である三キロ未満一一〇円(昭和五七年〔一九八二〕二月現在)の通用当日限りの切符で、乗ろうと思えば、一日で図の太線で示したような「大旅行」ができるのである。国鉄当局としては、そんな使い方をされるつもりで「近郊区間」を設定したのではないと心外らしいが、なかなか愉快な地域ではある。

北九州は、そういうややこしい地域なので、どこへいくにも乗り換えが多い。接続関係

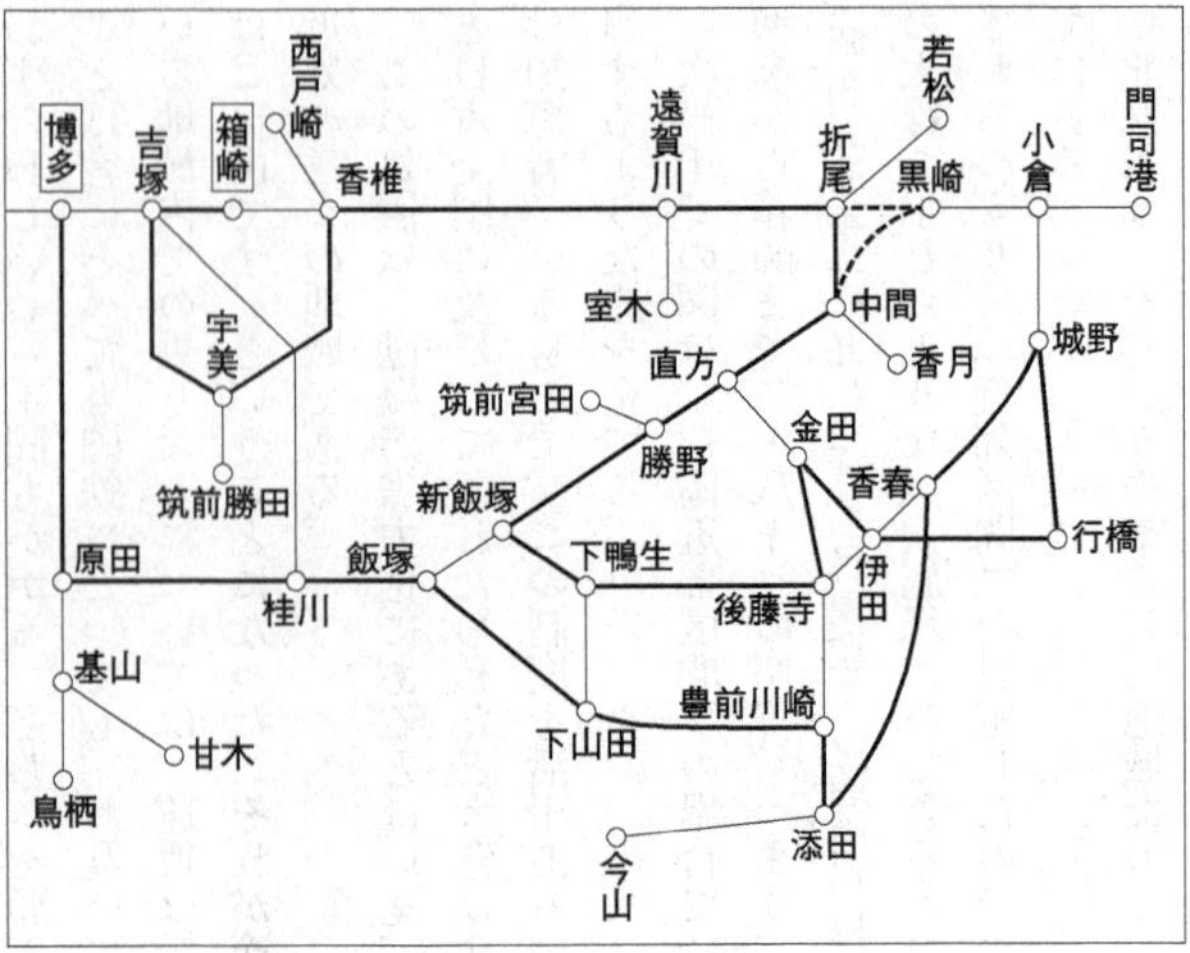

福岡近郊区間　太線は最低運賃で乗れる最長区間で、275.3キロに及ぶ。なお、鹿児島本線と筑豊本線相互間の直通列車利用の場合は、折尾を通らないため、中間—黒崎—折尾の迂回が認められ、さらに10.4キロ延びる。昭和57年3月現在。

も複雑で、あちらを立てればこちらが立たず、といったことが多々あるようで、相当なベテランでないと筑豊地区の列車ダイヤは作成できないという。「スジやさん」の苦心をしのびながら『時刻表』を眺めるのはたのしいものだが、実際に乗れば、駅名と距離と時刻だけでなく、駅や車両その他もろもろのものに接することができるから、いっそうおもしろく、私はこの地域をうろうろするのが好きだ。

　ここに掲げた『時刻表』は、日田《ひた》彦山線《ひこさんせん》と添田《そえだ》線《せん》で、小倉発

7時17分の七二五D列車で日田方面へ向かう場合、香春《かわら》で下車して8時12分発の添田線九二三D列車に乗り移ると、添田に二分早く着くことができる。添田線は、ここ三年連続して収支係数が最低、つまり日本一の赤字線で、廃線候補にあげられているのだが、そうした不遇にもめげずに先回りしてみせるとは、なかなか痛快ではないか。路線の複雑な筑豊

	営業キロ	列車番号		721D	2225D	421D	423D	3723D	725D	2425D
日豊本線	11.0	門司港	発	…	…	…	…	…	…	728
	5.5	門司	〃	…	…	…	…	…	…	735
	0.0	小倉	着	…	…	…	┌	655	…	741
		小倉	発	…	…	…	直方発	704	717	751
	0.8	西小倉	〃	…	…	…	607	レ	720	754
	3.5	南小倉	〃	…	…	…		710	724	758
日田彦山線	6.1	城野	〃				207	720	728	803
	9.4	石田	〃	…	…	…	ページ	レ	734	‖
	12.9	志井	〃	…	…	…	から	レ	743	(日豊本線
	15.1	石原町	〃	…	223	…		737	748	
	18.4	呼野	〃	…	ページ	…	…	レ	754	
	24.2	採銅所	〃	…	から	…	…	レ	802	経由)
	29.5	香春	〃	…		…	…	754	808	
	33.5	伊田	着	…	直方発	…	…	800	814	‖
田川線	0.0	行橋	発	…	552	…	652	‖	‖	832
	5.0	豊津	〃	…	(伊田線	…	705	快速	‖	839
	9.7	犀川	〃	…	経由)	…	711	(日	‖	845
	12.3	崎山	〃	…		554	716		‖	850
	16.9	油須原	〃	…		602	724	田)	‖	858
	23.6	勾金	〃	…		612	734		‖	908
	26.3	伊田	着	…	624	616	738	‖	‖	912
日田彦山線	33.5	伊田	発	…	629	643	739	801	815	913
	36.1	後藤寺	着	…	633	647	743	805	819	918
		後藤寺	発	552	642	…	744	808	821	…
	38.3	池尻	〃	556	652	…	755	レ	825	…
	40.8	豊前川崎	〃	600	656	…	759	814	829	…
	44.4	西添田	〃	605	702	…	805	レ	834	…
	45.6	添田	着	608	704	…	808	821	837	…
		添田	発	612	705	…	…	821	846	…
	49.3	豊前桝田	〃	617	710	…	…	レ	851	…
	53.3	彦山	着	625	719	…	…	832	859	…
		彦山	発	626	…	…	以下	833	900	…
	61.2	筑前岩屋	〃	637	…	…	234ページ	(日田	911	…
	65.4	大行司	〃	643	…	…		由布院間	917	…
	67.4	宝珠山	〃	647	…	…			921	…
	69.0	大鶴	〃	650	…	…	由布院着		924	…
	71.5	今山	〃	655	…	…	1026	601D	928	…
久大	74.8	夜明	着	700	…	…		急行)	932	…
	80.9	光岡	発	717	…	…			946	…
	83.3	日田	着	721	…	…		908	950	…

921D	923D		925D	927D	929D	931D	営業キロ		列車	
715	812	…	1615	1740	1931	2103	0.0	発	香春	着
719	816	…	1619	1744	1935	2107	2.5	〃	上伊田	発
722	820	…	1623	1748	1938	2111	4.6	〃	今任	〃
727	826	…	1629	1754	1943	2117	8.0	〃	大任	〃
732	831	…	1634	1759	1948	2122	10.4	〃	伊原	〃
736	835	…	1638	1803	1952	2126	12.1	着	添田	発

痛快なる添田線　小倉発7時17分の日田彦山線725D列車に乗って香春で下車し、8時12分発の添田線(下段)923D列車に乗り換えると、2分早く添田に着く。(日本交通公社『時刻表』昭和57年2月号より)

地区ならではの列車ダイヤである。私は、実際に七二五D列車から九二三D列車へ、そして、ふたたび七二五D列車へと乗りもどってみたことがあるが、これは推理小説のトリックに使えるぞと、一人ほくそ笑んだものである。

観光ガイドブックは筑豊地区についてほとんど紹介してくれない。崩れかけたボタ山、無人となって荒れ果てた炭鉱住宅をたのしんで見るのは不謹慎であるし、「観光」の対象とはなりにくいが、日本近代化のエネルギー源としての役割を果たした筑豊炭田の「遺跡」を見学することは九州を知るうえで欠かせないと私は思う。その点、路線が複雑に入り組んだ筑豊地区の鉄道旅行は、その渇を癒《いや》してくれる。

旅行雑誌は夏になると北海道や信州、秋は東北地方、冬は九州に焦点をあてて編集されることが多い。暑い季節には涼しい地方へ、寒いときには暖かいところへと関心が向かうのは人間として自然であり、冬に九州がクローズ＝アップされるのは当然であろうが、「南国」「火の国」、あるいはフェニックスの並木、といった南国ムードだけで九州のイメージを固定するわけにはいかない。

冬に福岡を訪れた人はお気づきだと思うが、がいしてじめじめと寒く、冷雨や霙《みぞれ》が降り、陰気な厚い雲におおわれて晴れの日は少ない。南側には山地があり、北側は玄界灘《げんかいなだ》、つまり北九州は、風土的には山陰のつづきなのである。トリの水炊き、フグチリなどの鍋《なべ》料理が名物なのもそのためであろう。

こうした山陰型の風土を車窓からじっくり見せてくれるのは松浦線である。北国のような荒涼とした海岸、北風を避けるかのように入江のかげに肩を寄せ合った民家、白波の立つ玄界灘、とても九州とは思えない眺めである。松浦線に乗れば南蛮貿易やキリシタンの平戸に立ち寄ることができるし、佐世保に近づけば閉山したまま放置された炭田地帯のさまざまな残骸《ざんがい》に接することもできる。九州の多様性を知るうえで、ぜひ乗りたい線である。

この北九州の山陰型気候と、九州らしい太陽に恵まれた地方との境目はどのあたりかというと、大ざっぱにいって佐世保から国東《くにさき》半島を結ぶ線かと思われるが、それほどはっきりはしない。ただ、博多から鹿児島本線の下りに乗って六つ目の原田《はるだ》あたりで天候のかわる場合が多い。東西につらなって南風を遮断する背振《せふり》山脈の東端を横切るからである。

ここを境にして南は温暖、北はじめじめとなるのだが、住み心地の悪い側にある福岡が九州の中心都市として古くから発達してきたのは、壱岐《いき》、対馬《つしま》の飛び石を経て朝鮮半島へ、さらに中国へとつづく国際ルートの門戸だったからであろう。

一般的にいって、旅行の中身は、地理と歴史、とりわけ歴史についての知識と関心の度合いによって濃くもなれば薄くもなるように思う。自然の美しい風光や異質な事物にふれ、土地の名物や特産品を食べたり買ったりするのは旅行のたのしみの主要な部分ではあるけれど、残念ながら日本は全国的に画一化が進んで地方色が薄れ、異質な風物に接する機会が少なくなってきている。とくに有名観光地において、それがはなはだしい。

この不満を補ってくれるのが史跡であり、史跡がない場合は地名である。赤穂《あこう》線に乗って浅野内匠頭《たくみのかみ》や大石内蔵助《くらのすけ》を思わぬ人はいないだろうが、北陸本線の虎姫を通過するとき、浅井長政とお市の方の悲劇に思いを馳《は》せ、小谷城址《じょうし》はどのあたりかと、目を窓外に向ける人は少ない。それでいて小谷城の悲劇については誰もが知っているのである。知っていながら、それと旅行とが結びつかないというのは、まったく、もったいないことである。

もとより車窓から見える史跡は、一部である。けれども、自然の名勝地と違って歴史の舞台はがいして交通の便利なところにある。十和田湖や華厳滝や秋芳洞を列車の窓から眺めるのは不可能だが、城址や古戦場は車窓から見えるものが多い。数えてみたわけではないが、有名な城址の大半は車窓から見ることができる。

史跡が多く集まっているのは、なんといっても関西であるが、それにつぐのは九州ではないだろうか。しかも、九州の場合は、古代史、南蛮交易史、西南戦争などがからんで、多彩である。筑豊炭田も、すでに史跡の領域に片足を突っ込んでいる。

古代史の旅となれば、まず筑肥《ちくひ》線《せん》であろう。福岡の近郊路線で、唐津湾に出るまでは新興住宅ばかりが目につくような線であるが、博多から六つ目の姪浜《めいのはま》を過ぎると右窓の海上に浮かぶ能古島《のこのしま》の向こうに志賀島《しかのしま》が見える。「漢委奴国王《かんのわのなのこくおう》」の金印が出土した島である。次の今宿《いまじゅく》から周船寺《すせんじ》、波多江にかけては、玄界灘に突き出た糸島半島の付け根を横断し、今宿の左窓にそびえる高祖山には怡土《いと》城址がある。「いと」の地名が二つ現われるのだが、このあたりが、『魏志倭人伝《ぎしわじんでん》』に記された「伊都国《いとこく》」である。周船寺のあたりは古墳が多い。その先の唐津は、同じく『魏志倭人伝』に「好捕魚鰒、水無深浅、皆沈没取之」、つまり、住民が海に潜って魚をとっていると記された「末盧国《まつろこく》」の地とされる。「末盧」は「松浦」に通じ、唐津の西に突き出た二つの松浦半島や国鉄松浦線にその名をとどめている。

その唐津に近づくと、有名な虹ノ松原が五キロにわたってつづく。筑肥線の車窓の白眉《はくび》であるが、左窓に目を転じると鏡山が丸っこくそびえている。山上憶良の「遠つ人松浦《まつら》佐《さ》用《よ》姫《ひめ》夫恋《つまごい》に　領巾《ひれ》ふりしより負える山の名」（『万葉集』）で知られる山で、領巾振山《ひれふりやま》の別名でも呼ばれる。新羅《しらぎ》遠征の命を受けて船出する大伴狭手《おおとものさで》彦《ひこ》を、鏡の里の長者の娘、松浦佐用姫が、山頂で領巾（長い布きれ）を振りつづけて見送ったとされる山である。このほかにも筑肥線の沿線には古代史をしのばせる史跡がたくさんある。また元寇《げんこう》の史跡も筑肥線に多く、さきほどの能古島は元軍に占領された島であり、この能古島をのぞむ姪浜―今宿間では元寇防塁の石積みのすぐ裏側を走る。さらにまた、福吉付近から遠くに見える姫島は「黒田騒動」で名高い黒田藩の流刑地であった。

『魏志倭人伝』に記された地名のなかで、もっとも議論の対象となるのは、いうまでもなく「邪馬台国《やまたいこく》」であり、邪馬台→ヤマトということで奈良あるいは近畿地方とする説と、伊都国や末廬国などとともに、北九州にあるとする説とが対立しているのだが、北九州説とした場合の有力候補地は、国鉄矢部線に沿って流れる矢部川下流の山門《やまと》郡一帯であり、佐賀線の筑後柳河から瀬高にかけての地域である。

その邪馬台国から「水行十日陸行一月」の距離にあると記された「投馬国《つまこく》」として有力なのは、日豊《にっぽう》本線の宮崎の手前の佐土原から分岐する妻《つま》線の中心駅である妻付近で、前期古墳が三二九基もあって、西都原《さいとばる》古墳群と呼ばれる。そのいくつかは車窓からも見ることができる。日豊本線の隼人《はやと》―加治木間で車窓近くに見える隼人塚も欠かせない。

古代史の片鱗《へんりん》を紹介するにとどめるが、九州で車窓から見える史跡は、いちいち、あげられないほどたくさんある。これらについて知ろうとするには、ポケット判程度のガイドブックでは不十分で、県別に編集された歴史や郷土案内を参照する必要がある。最近、こうした詳しい案内書が地味ながら着実に刊行されるようになったのは喜ばしいことで、すこし大きな書店にいけばそろっている。

九州の鉄道旅行でたのしいのは、険しい地形の多いことである。九州の山々は標高はさして高くないのだが、そのほとんどが火山であり、熔岩《ようがん》や厚く堆積《たいせき》した火山灰地を谷が深く刻んでいる。長大なトンネルは少ないが、難工事の区間や急勾配《こうばい》が多い。

その代表は豊肥本線で、世界最大の規模といわれる阿蘇の火口原を横断する。白川が外輪山を突き破る立野でのスイッチ＝バック、宮地から波野にかけての火口壁、立野から分岐する高森線の第一白川 橋梁《きょうりょう》、さらには、高千穂線の深角《ふかすみ》—天岩戸《あまのいわと》間に架かる高さ一〇五メートルという目のくらむような日本一の高千穂橋梁など、阿蘇火山の雄大さを知らせる見どころがいくつもあって、鉄道旅行のたのしさを満喫させてくれる。

さらには肥薩線の矢岳ループ線。肥後と日向《ひゅうが》をわかつ雄大な矢岳高原に大きな円を描き、しかも、そのループ線の途中にスイッチ＝バック駅があるというのはほかに例がない。その先の矢岳トンネルを抜けて前方に展開する霧島火山群の全景は、北海道の狩勝峠の展望がルート変更によって失われた現在では、日本でもっとも雄大な車窓風景といってよいであろう。

日豊本線の霧島神宮―国分間や、重富―竜ヶ水間の険しいシラス台地、さらに大隅線の駅々に積もった桜島の降灰など、南九州はなにかと荒っぽい。その荒さは車窓からも十分味わうことができ、熊本や鹿児島で旅装を解けば、焼酎《しょうちゅう》の強さが気にならなくなる。

北陸・山陰の巻

鉄道の路線にも変遷がある。輸送力の増強や保安対策などのために新しいトンネルが掘られると、古い路線はうち捨てられる。

そのもっとも顕著な例が北陸本線で、むかしといまとでは、ほとんど別の線区のようになっている。

「杉津《すいづ》の眺めがよかった」

と年輩の人はいう。若い人が聞いてもなんのことかわからないだろうが、昭和三七年（一九六二）五月号以前の『時刻表』を見ると、敦賀から二つ目に杉津という駅が載っている。標高一七四メートルの高い位置から敦賀湾を見おろし、北陸本線の車窓風景の随一といわれたところで、乗客はすばらしい眺望をたのしんだが、そのかわり、運転する側にとっては難所であり、輸送力のネックになっていた。当時はもちろん蒸気機関車の時代で、線路も単線だった。

私は敦賀から福井まで蒸気機関車の運転席に便乗したことがある。昭和三三年の春であった。機関士と同じ服を着て、手拭《てぬぐい》を顔に巻きつけ、敦賀を発車すると、まもなく一〇〇〇分の二五の急勾配にかかり、トンネルに入る。上り勾配における蒸気機関車の運転席というものは、いわば「煙熱地獄」であって、煙は目にしみる、火の粉は首筋にとびこむ、しかも、車体の末端であるからウマの尻《しり》に乗ったような揺れ方をする。把手につかまって立っているのがやっとという状態だが、そんな状況のなかで機関助士は石炭を火室のなかへ投入しつづける。上り勾配ではたえず石炭を供給しなければならないからで、いちばん条件の悪いところで、いちばん働かなければならないのが機関助士なのである。

そうしたトンネルをいくつか抜けて勾配をのぼりつめ、杉津に停車したときの安らぎと眺望の美しさは忘れられない。いまでも北陸トンネルを特急電車で苦もなく通過するたびに、あのときを思い出す。長さ一万三八七〇メートルの北陸トンネルが開通し、杉津経由の路線が廃止になったのは、昭和三七年六月であった。

杉津経由は短いトンネルの連続であるから、まだよい。ひどかったのは敦賀の手前にある長さ一三五二メートルの柳ヶ瀬トンネルである。今日からみれば長いトンネルではないが、一〇〇〇分の二五の急勾配が上りいっぽうでつづくので、登坂力の弱い蒸気機関車は、しばしばトンネル内で立ち往生し、釜《かま》を焚《た》きなおした。そのため煙に巻かれて失神する機

0.0	米原	発	11 33	12 23	12 56
2.6	坂田	〃	2・3	レ	13 01
4.7	田村	〃	レ	レ	13 09
7.7	長浜	〃	11 45	12 34	13 18
12.8	虎姫	〃	11 52	2・3	13 26
15.6	河毛	〃	レ	[illegible]	13 31
18.2	高月	〃	12 00	レ	13 38
22.4	木ノ本	〃	12 06	レ	13 49
27.0	中ノ郷	〃	12 14	13 0	13 57
31.7	柳ケ瀬	〃	12 21	レ	
37.3	刀根	〃	12 40	レ	…
42.7	疋田	〃	12 48	レ	…
48.5	敦賀	着	12 55	13 26	…
		発	12 59	13 31	…
54.4	新保	〃	13 13	レ	…
61.4	杉津	〃	13 30	レ	…
69.6	大桐	〃	13 44	レ	…
74.9	今庄	着	13 50	14 10	…
		発	13 55	14 17	…
78.6	湯尾	〃	14 01	レ	…
82.1	鯖波	〃	14 06	レ	…
86.7	王子保	〃	14 12	レ	…
91.0	武生	〃	14 19	14 36	…
96.1	鯖江	〃	14 29	レ	…
99.4	北鯖江	〃	14 35	レ	…
104.1	大土呂	〃	14 56	レ	…
109.8	福井	着	15 09	14 5	…
		発	15 20	15 0	…

0.0	米原	発	1033	1154	‖
2.6	坂田	〃	レ	レ	‖
4.7	田村	〃	1044	レ	‖
7.7	長浜	〃	1057	レ	‖
12.8	虎姫	〃	1103	レ	‖
15.6	河毛	〃	レ	レ	‖
18.2	高月	〃	1109		‖
22.4	木ノ本	〃	1114	自	‖
26.5	余呉	〃	1119	3両	‖
31.4	近江塩津	着	1124		‖
		発	1125	レ	レ
39.2	新疋田	〃	1133	レ	レ
45.9	敦賀	着	1141	1224	1309
		発	1208	1225	1322
62.5	南今庄	〃	1225	レ	レ
65.1	今庄	〃	1229	レ	レ
68.7	湯尾	〃	1234	レ	レ
72.2	南条	〃	1248	レ	レ
76.7	王子保	〃	1254	レ	レ
81.0	武生	〃	1303	1249	1355
86.2	鯖江	〃	1323	レ	レ
89.4	北鯖江	〃	1327	レ	レ
94.1	大土呂	〃	1333	レ	レ
97.3	越前花堂	〃	1337	レ	レ
99.9	福井	着	1342	1302	1412
		発	1357	1304	1414

旧線時代の北陸本線（左図、日本交通公社『時刻表』昭和31年12月号・復刻版より抄録）と**現在の北陸本線**（日本交通公社『時刻表』昭和56年12月号より抄録）。駅間距離や所要時間の短縮ぶりがわかる。

関士や助士が続出したという。この区間も昭和三二年一〇月、交流電化による新線が開通し、機関士たちは地獄の責め苦から解放され、輸送力も増強した。

北陸本線のおもしろさは、路線の「近代化」の歩みをたどるところにあるといえる。まず、米原を発車して五分、田村にさしかかると、電車ならば車内灯が消え、直流区間から交流区間に入る。直流と交流とを接続することはできないので、電流のかよわない「デッド＝セクション」(死電区間)を設けているのである。電車でなく、機関車によって牽引《けんいん》される「客車列車」の場合は、米原から田村までのわずか四・七キロをディーゼル機関車で引っぱり、田村で交流機関車につけ替えるという、こまかい芸をみせてくれるものもある。

木ノ本を過ぎて左へカーブするとき、右窓に注意していると、直進する古い路盤を見ることができる。これが柳ヶ瀬トンネル時代の路線の跡である。大阪方面からのバイパス新線湖西線が左から合流して新深坂トンネルを抜け、敦賀に近づくと、下り線はまっすぐに進むが、上り線は左側の山に突っ込んでトンネルで一周する。ループ線によって勾配を一〇〇〇分の一〇に緩和しているのである。

北陸トンネルを出ると、左から杉津を経由していた路線跡が合して今庄《いまじょう》を通過する。今庄は後押しの機関車を増結していた駅で、北陸トンネル開通以前の『時刻表』を見てもわかるように、急行も停車する運転上の主要駅であった。

北陸本線の路線変更区間はまだある。

石川県と富山県の境にある倶利伽羅《くりから》トンネルも勾配緩和のため昭和三〇年に新しく掘られたものであり、さらに富山県の東はずれの市振《いちぶり》から親不知《おやしらず》、糸魚川《いといがわ》、直江津にかけての約六〇キロも昭和四〇年一〇月の複線、電化を機に、トンネルばかりの新線にかわった。

それまでは海岸線に沿っていたので日本海を飽きるほど眺めることができたのだが、長いトンネルの連続では海はわずかしか見えなくなり、筒石駅などは頸城《くびき》トンネル（延長一万一四〇〇メートル）のなかに引っ越した。そのかわり、豪雨のたびに不通になるようなことはなくなった。この区間は地滑りの頻発地帯なのである。

なんだ、北陸本線の近代化とはトンネルに入って海を見えなくすることか、といわれると困る。結果としてそうなったことは確かだからである。じっさい、長大なトンネルは鉄道の名所ではあるけれど、入ってみるとなにも見えないから、つまらない。だから、トンネルがなかったころの峠越えの苦難をしのび、トンネルの出口や入口付近に残る旧街道や廃線跡に目をやるのを、せめてものたのしみとするほかはない。

複線、電化と路線のつけ替えによって見違えるような新線に変貌《へんぼう》した北陸本線と対照的なのが山陰本線である。

六七五・四キロに及ぶ長大な線区であり、線路図のうえでは北陸本線を凌《しの》ぐかに見えるのだが、全線未電化で複線区間もごくわずかにすぎない。京都の嵯峨野あたりを散策したおり、竹藪《たけやぶ》のなかに細々としかれた線路を見て、これが山陰本線かと目を疑った人もあるだろう。単線で、使われているレールも細く、架線もなく、まるでローカル線だ。京都近郊でさえそうなのだから、先へいけばなおさらで、線路は地形のまにまに右へ左へと曲がりくねり、よほどのことがないかぎりトンネルに入らない。むかしのままなのである。

山陰本線が旧態のままに放置されているのは、一つには沿線の交通量が少ないためであるが、もう一つは中国地方における本州は幅が狭く、わずか一〇〇キロ南には山陽本線や新幹線があり、その間を伯備線をはじめ幾本もの横断線が結んでいて、山陰本線でくねくね曲がりながら京都や大阪へ向かうより山陽地方に出たほうが時間的に早いからである。いわば横から客を吸いとられているわけで、中国自動車道の開通はそれに輪をかけた。

このような事情から山陰本線は、伯備線の特急が乗り入れてくる米子《よなご》―松江―出雲市間を除いては近代化されず、むかしのままの姿をとどめているのである。

それだけに汽車旅の味わいは、ひときわ深い。山陰の海岸は岩とマツが美しく、水もきれいだ。工場が少なく、かわりに艶《あで》やかな瓦《かわら》屋根の民家や漁村がある。この線に乗って汽車旅のたのしさを感じない人がいたとしたら不感症で、とても、ともに語る気がしないと私は思っている。

しかも、うれしいことに山陰本線には旧式の車両で編成された古めかしい「客車列車」がたくさん残っており、ベンガラ色の武骨なディーゼル機関車に牽《ひ》かれてゴトゴト走っている。

同じ線に乗っても、乗る列車によって印象が違う。窓の外を過ぎていく風物にかわりはなくても、特急で風のように通過するのと、鈍行で小さな駅に一つずつ停車しながらいくのとでは、ずいぶん違う。さらに、同じ鈍行でも電車とディーゼルカーとではひと味違い、旧式の客車列車となれば、またいちだんと違う。そして、山陰本線の風趣にぴったりくるのが鈍行客車列車なのである。

現在、日本における最長距離の鈍行列車は山陰本線を走っている。門司《もじ》を早朝5時22分に発車して各駅に停車しながら、延々五九五・一キロを一八時間二九分かかって走り通し、終着駅の福知山に23時51分に着く、という八二四列車である（昭和五六年一二月末現在）。この列車に通しで乗る客はなく、短区間の利用者が乗ったりおりたりしているのだが、このような前近代的長距離鈍行が走っているのも山陰本線に似つかわしい。

つい最近、私は八二四列車の全区間を通して乗ってみた。そして山陰本線の味を堪能した。

この列車は途中、計七本の特急や急行に抜かれるが、抜くも可、抜かれるも可、競争意識のような俗世間的なことは超越してしまう。さらに待避などで長時分の停車が多い。鳥取、浜坂での各二四分をはじめ一〇分以上停車する駅がいくつもある。そのたびに車外に出たり、ときには駅前を散歩したりする。小駅に停まると真昼の静寂が訪れて物音一つしなくなる。聞こえるのは波の音だけ、という折居《おりい》のような駅もあった。

八二四列車の全区間に乗るのは、いささか熱心すぎると自分でも思うし、そうまでする必要はないだろうが、山陰へ旅行するときは、一部の区間でよいから鈍行客車列車に乗るとよいと思う。「客車列車」であるかどうかは『時刻表』の上欄に記載されている「列車番号」を見ればわかる。番号を表わす数字の末尾に「M」とあれば電車、「D」とあればディーゼルカーで、数字だけのが客車列車である。

湖西線は京阪から北陸への短絡路線として昭和四九年（一九七四）七月に開通した新しい線で、特急が頻繁に往来して忙《せわ》しいが、その名のとおり琵琶湖の西岸をいき、高架橋の上を走るので眺めがよい。琵琶湖のよさを認識させてくれる線である。

越美北線《えつみ》は福井県の山奥へとわけ入る線で、途中下車したいのは戦国の雄、朝倉氏の館跡のある一乗谷《いちじようだに》と「小京都」といわれる越前大野。終点の九頭竜湖《くずりゆうこ》からはバスで油坂峠を越え、越美南線の美濃白鳥《みのしろとり》へくだってみたい。

七尾線は能登半島を二度も横断して輪島に達する線で、砂丘あり、入江あり、アスナロの密林ありで変化に富んでいる。

能登線は能登半島内側のやさしい海岸美をたのしませてくれるが、この線に乗ると、のどかで眠くなる。とろとろとしていると名産の巻きブリを提げたおばさんが乗ってくる。駅々には花壇や植込みがあり、よく手入れされている。

氷見線《ひみせん》は伏木の貯木場や製材工場を見ているうちに突然、富山湾にとび出す線。海岸ぎりぎりのところを走ってみせる。

城端線《じょうはなせん》は散村で名高い砺波平野《となみへいや》をいく線で、終点の城端は落ち着いた門前町。バスで合掌造りの白川村へ抜けるのもおもしろい。

富山港線は昭和一八年に富山地方鉄道を買収した線で、富山駅の乗り場も途中駅もローカル私鉄の雰囲気に包まれている。

小浜線《おばません》は若狭湾《わかさ》に沿う線であるが、海岸線があまりに入り組んでいるために岸辺を走る区間は少ない。しかし、突き出た半島の基部をのぼりおりしながら横切っていくので、高い位置から入江と岬を遠望でき、立体的である。三方五湖《みかたごこ》の寂しい水面と湖岸は印象的だ。小浜は伝説と謎につつまれた町で、京都とのつながりを推測させる古寺も多く、途中下車したいところである。

舞鶴線は軍港のあった東舞鶴で小浜線に接し、両線合わせて北陸本線と山陰本線とを結んでいる。戦後寂れた東舞鶴と、古くからの商港としてにぎわう西舞鶴とは峠を隔てて七キロも離れており、同じ舞鶴市でも別の町のようである。車窓からも町勢は対比できる。

宮津線は天橋立という観光地をもっているが、全体としては、うら寂しくて湿っぽい丹後の風土を見せつける線だ。この線に乗って快晴の日に出会うことは少なく、一一月からは、この地方の人々が「うらにし」と呼ぶ湿った季節風が吹く。ヨシの茂る寒々とした由《ゆ》良《ら》川の対岸には森鷗外の人買い物語『山椒大夫《さんしょうだゆう》』の素材となった豪族の屋敷跡があり、宮津以西の駅で途中下車すれば、暗い格子戸の家々から丹後縮緬《ちりめん》の織機の音が聞こえてくる。

因美線《いんびせん》は鳥取から林業の旧宿場町、智頭《ちず》を経て東津山に至る線で、深い山々と雁木《がんぎ》を置いた民家が印象的だ。

若桜線《わかさせん》の終点若桜は中世以来の城下町であり、現在は林業の町で、鳥取から大阪方面への最短ルートである国道二九号線（若桜街道）が通じている。バスに客をとられ、若桜線の利用者は少ない。

倉吉線は打吹《うつぶき》が主要駅で、倉吉の市街地はここにある。倉吉は古くから伯耆《ほうき》国の中心であり、城址《じょうし》と、土蔵をつらねた古い家並みが残っている。倉吉線は姫新線《きしんせん》の中国勝山を目ざして建設に着手された線であるが、山守《やまもり》でストップしたまま廃線の指定を受けた。山守ほどなにもない終着駅はめずらしい。

境線は自然の渡り廊下のような弓ヶ浜半島の上にしかれているが、半島の中央部をいくので海は見えず、沿線は砂地につくられた野菜畑ばかりである。終点の境港は山陰第一の漁港で、隠岐《おき》への定期便も発着している。

伯備線は、昭和四七年三月に、新幹線が岡山まで延長されたのを機に、陰陽連絡のメイン＝ルートとして白羽の矢を立てられた線で、特急「やくも」が一日六往復も運転され、線路の近代化工事も行なわれている。山陰地方では陽のあたる唯一の線区といってよいだろう。

木次線《きすきせん》は曲がりくねっているうえに急勾配《こうばい》があり、本邦屈指の鈍速路線で、八一・九キロを走るのに急行でも二時間二〇分かかる。それだけに乗ってみるとたのしい。白壁の民家は美しいし、出雲坂根《いずもさかね》には三段式スイッチ＝バックもある。三井野原は標高七三〇メートル、中国地方の鉄道の最高地点でスキー場がある。

大社線は、あまりに短くて、出雲の民家独特の築地松《ついじまつ》に見とれているうちに終点の大社に着いてしまう。大社の駅舎はなにを模したのかわからないが、御殿のようなりっぱなものである。

三江線《さんこう》は、中国地方では最大の流域面積を有する江川《ごうのかわ》と徹底的につき合う線である。江川は、大きな川にはめずらしく下流に平野をつくっていない。河口の江津《ごうつ》を発車すると、すぐ両岸が山となり、豊かな水をたたえて蛇行する江川とともに三次《みよし》までいくのだが、いい川なので飽きることはない。

なお、冬に山陰と山陽を結ぶ路線に乗ると分水嶺《ぶんすいれい》を境に天候がかわる。山陰は雪でも山陽側は快晴の場合が多い。しかも、雪がやみ、雲が切れ、陽がさしてくるのに一時間とはかからない。そのたびに日本は広いと思う。

中央・上信越の巻

鉄道に乗るのが好きで、どこへ出かけるのも、がいしてたのしい。よほどのことがないかぎり、飛行機や自動車には乗らない。

そういう人間であるから、関東地方でもたのしいし、山手線や大阪環状線でも、その気になれば興味の対象になるのだという意味のことを毎巻書いてきた。

しかし、正直いって、すこし苦しい場面もあった。

人口密度の高い地域、つまり自然と旅情に乏しい地域の鉄道に乗って車窓をたのしもうとするには、どうしても人文地理的知識を必要とする。そのなかには鉄道敷設史の知識もふくまれる。その知識の度合いが車窓への興味を左右する。

京浜東北線の電車の吊革《つりかわ》にぶらさがりながら、蒲田付近のゴチャゴチャした下請工場群と、そこで製造された部品の納入先である川崎の大工場との関係について思いをめぐらすのは、その方面の消息に通じていればいるほど、興味津々であるにちがいない。また、明治四一年（一九〇八）に横浜鉄道として開業した横浜線に乗って、八王子付近に残る桑畑を眺め、この路線が横浜港への「絹の道《シルク＝ロード》」だった当時をしのぶのも意義があるだろう。

しかし、それだけでは社会科の勉強の域にとどまって、思わず胸ふくらむ鉄道旅行のたのしさにはならない。

その点、本巻が扱う中央・上信越は景色のよい山岳路線ばかりである。雪をいただいた岩の峰々、秀麗な火山、爽《さわ》やかな高原、清らかな渓流、これはもう理屈抜きで無条件にたのしい。だいたい、高いところへのぼるのは気持ちのよいものである。

もっとも、こういう人もあるだろう。日本の鉄道なんて、たいして高いところへのぼらないではないか、国鉄の最高地点は小海線の清里―野辺山間における一三七五メートルにすぎないではないか、観光バスやロープウェイはもっと高いところまで運んでくれるではないか、と。

たしかにそのとおりで、立山黒部アルペンルートの眺望は小海線の車窓の及ぶところではない。

けれども、ここが肝心だと私は思うのだが、乗りものの味わいは、それが輸送上の切実な必要性によって支えられているかどうかによって、ずいぶん違ってくる。観光バスやロープウェイは客を誘致するために好んで高いところへのぼりたがるが、おおかたの鉄道はそうではない。小海線が八ヶ岳の高原を走るのは、甲斐《かい》と信濃《しなの》を結ぶという使命によるのであって、それ以外のものではない。少なくとも建設の動機はそこにあった。

スイスの観光用登山鉄道に乗ってみたことがある。たしかに景色はよい。けれども、ただそれだけである。飛行機から見おろしたアルプスのほうがもっと壮観だと思ったりする。そんな次元の違う比較が頭をもたげてくるのは、要するに登山鉄道は遊び用、なくてもよいものだからであろう。鉄道本来の肝心のものに欠けている。

切実な輸送上の必要によって建設された鉄道と、たんなる遊びのために仕掛けられた鉄道とでは、まったく味が違う。実用に徹した鉄道には大工道具のような美しさがある。

このあたりの論議は、たとえばゴルフ場を美しいと感じるか感じないかに通じるものがあると思う。意見がわかれそうだが、私は、あれを美しいとは感じないほうの人間である。

このことは、路線だけでなく、列車についてもいえる。

山口線に「SL列車」が走り出したとき、さっそく乗りにいった。なつかしかった。けれども、つまらなかった。飼い慣らされた檻《おり》のなかのクマを見るような感じ、とでもいったらよいだろうか。それ以来、日本一周の「駅」号とか「なつかしの『つばめ』号」とかの催しものの列車が運転されても、乗る気がしない。生活者としての乗客とともに「実用列車」でゴトゴト揺られているほうが性に合っているし、そのほうがたのしいのである。

かように私は考えるけれど、これが正統な鉄道のたのしみ方であると、人におしつける気持ちはない。人さまざまであってよいのだと思っている。

ただ、次のような私の結論に賛成してくださる人がいれば、うれしい。

一、鉄道は輸送上の切実な必要によって敷設されたものをもって尊しとする。

一、輸送が目的である以上、車窓風景のよしあしは問わないが、景色のよいところへさしかかるとトンネルに入らざるをえない、という工学上の宿命を負いながらも、わずかに垣間《かいま》見せる山水をもって無上のものとする。

これに「無用のものは乗るべからず」との一項をつけ加えると筋が通るのだが、これでは自分の首を絞めることになるので、御都合主義ながら割愛する。それに、あまり居丈高に割り切ったもののいい方をして、遊園地の豆汽車などに乗っているところを読者に見られてはまずいので、このあたりで切りあげるけれど、私の意とするところは、わかっていただけたかと思う。とにかく、小海線が高いところを走るのは、乗客に「高原列車」をたのしませたいからではなく、甲斐と信濃を結ぶために、やむをえず急勾配をのぼっているのだ、だからこそ、小海線の車窓はたのしいのだ、ということがいいたかったのである。

もちろん、小海線は一例にすぎない。

「中央・上信越線」のたのしさは、景色のよい山岳路線であることが第一だが、ルート決定の経緯や難工事の事情などの知識で裏づけすれば、そのたのしさは倍加される。日本の鉄道史の要点を具体例をあげながら手ぎわよくまとめたものとしては、原田勝正氏の『鉄道の語る日本の近代』（昭和五二年〔一九七七〕刊、そしえて文庫）という好著があり、ぜひお読みいただきたいが、個々の路線の建設史については川上幸義氏の『新日本鉄道史』（上下二巻、昭和四三年、鉄道図書刊行会）を参照されるとよいと思う。鉄道にかぎらぬことだが、交通路線というものは、それが通じてから一定の年月と実績が積みかさねられると、そこを通るのが当然であるかのように思われてくる。しかし、いうまでもなく、ルート決定までには、技術や利権の面で、さまざまな要因がからんだのである。

中央本線に乗って国電区間の終点高尾を過ぎると、にわかに山が迫り、ここが東京都とは思えないような山間《やまあい》に入って小仏《こぼとけ》トンネルに突入する。全長二五四五メートルで、今日では、ものの数にも入らないが、小仏トンネルが開通した明治三四年（一九〇一）当時では日本第三位の長大トンネルであり、こんな長いトンネルを掘らずにすむルートはないものかと、高尾山の南を迂回《うかい》する案などが検討されたのであった。

その先の笹子トンネルは四六五六メートル。明治三六年に開通した時点では日本最長だった。当然、さまざまな別ルートが検討され、河口湖畔を経由する案が有力だったという。あまりに遠まわりになるので採用されなかったが、特急「あずさ」の車窓から河口湖を眺められる可能性もあったわけである。

このように、長いトンネルを掘るか迂回するかの選択を迫られた場合、どちらかといえば頑張ってトンネルを掘り、できるだけルートを短くしようとする突貫精神のようなものがあり、そこに「明治」の人たちの心意気を感じるのであるが、そのなかにあって奇妙なのは岡谷—辰野—塩尻間の大迂回である。

中央本線のルート決定にあたっては、塩尻経由か伊那谷経由かで地元が激しく争った。けっきょく塩尻経由に決まったが、伊那谷側に伊藤大八《いとうだいはち》という政友会の代議士がいて、強引な議会工作をやり、辰野まで中央本線を引っ張り込んだのである。この大迂回は「大八曲がり」と呼ばれ、松本へ向かう客は遠まわりをさせられているわけだが、地元にとっては恩人ということで、辰野に大八先生の銅像が建っている。

しかし、この迂回も岡谷と塩尻を直結する塩嶺トンネルの開通によって、まもなく解消する。こうしたルートの変更や複線化、電化にともなう線路のつけ替えも興味をそそる。

鳥沢—猿橋間で右窓にちらりと見えた日本三奇橋の一つ「猿橋」が複線化による路線変更

で視界から消えてしまったのは残念だが、そのかわり雄大な新桂川橋梁《きょうりょう》を渡ってくれる。初狩、笹子などのスイッチ＝バック駅が電化とともに改良され、傾斜したホームに停車するようになったのも見どころであろう。

塩尻―名古屋間の、いわゆる中央西線は、中山道の木曾十一宿と木曾谷の眺めを堪能《たんのう》させてくれる。もとより車窓風景など配慮せずに敷設したのであろうが、それだけに、ありがたみがある。五万分の一の地図を参照し、なぜここは右岸をルートに選んだのか、などと考えながら乗っていると、じつにおもしろい。寝覚《ねざめ》ノ床《とこ》の全景が見おろせるのは幸運なことで、もし左岸に線路がしかれたなら、トンネルに入って見えなかったにちがいない。

中央西線の木曾谷だけでなく、中部山岳地方には谷の眺めを満喫させてくれる線区が多い。越美南線の長良川、高山本線の飛驒川と神通川、飯田線の天竜川、大糸線の姫川、飯山線の千曲川、上越線の利根川、吾妻線《あがつません》の吾妻川などである。川は交通路の母で、自動車道路も川に寄り添い、崖《がけ》を削り、セメントでかためながら鉄道ともつれ合う。まったく目ざわりだが、両者の土地の奪い合いやルートの選択ぶりなどを比較するのも、おもしろい。

信越本線は、信濃路のさまざまな貌《かお》を見せてくれるたのしい線だ。そして、そのたのしさの代償であるかのように碓氷峠《うすいとうげ》の難関がある。この難関をのりきるには、さまざまなルート案があったらしい。前述の『新日本鉄道史』によれば、南回りでスイッチ＝バックをくり返すもの、インクライン方式で引っ張りあげるもの、現在の路線に近いが、できるだけ勾配《こうばい》をゆるめ、鉄橋を避けようとして、S字型のカーブを連続させたものなど、いろいろな案がルート図とともに紹介されている。けっきょく、アプト式で一〇〇〇分の六六・七の急勾配をのぼる最短経路案に決定したが、ここにも明治の精神を感じる。

この区間は昭和三八年に複線化され、アプト式も熊《くま》ノ平《たいら》駅も廃止になった。また路線変更によって碓氷橋梁を渡らなくなった。しかし、それらのアプト式時代の遺跡は、車窓から十分に眺められる。ローマ時代の水道を思わせる煉瓦《れんが》積みのアーチ橋、碓氷橋梁の美しさ、旧熊ノ平駅に残るスイッチ＝バック用トンネルの数々。鉄道の栄光というか残光というか、それが胸を打つ。

上越線はループ線や土合《どあい》駅の上下線を結ぶ長い階段、清水トンネル内に残る単線時代の信号場など、山岳路線ならではの苦心惨憺《さんたん》の線で、どれもこれもおもしろいが、この線の圧巻は冬である。下り列車に乗ると、沼田までは晴れ、次の後閑《ごかん》あたりから曇り、水上で雪というケースが多い。そして清水トンネルを抜ければ雪国である。その間、特急なら三〇分とはかからない。これほど日本列島の気象の違いを迅速かつ如実に見せつけてくれる

キロ程 東京から	駅名＼列車番号＼行先	長野 337	横川 121	長野 301	新潟 311	大阪 2003
3.6	上野発	…	…	710	624	850
105.0	(発)(弁)○高崎発	654	742	841	853	1008
107.4	北高崎〃	659	747	レ	858	レ
111.4	群馬八幡〃	705	752	1.2	905	1.2
115.6	○安中〃	711	800	急行	912	特急
122.6	磯部〃	7,23	811	園	924	園
129.2	松井田〃	738	823	レ	940	レ
134.7	(発)(弁)○横川〃	755	835	918	957	1043
140.8	熊ノ平〃	822		945	1025	レ
145.9	(発)(弁)○軽井沢着	843	園	1006	1046	1125
	軽井沢発	858	…	1010	1056	1128
149.9	中軽井沢〃	904	…	1015	1102	レ
153.0	信濃追分〃	914	…	（志賀）	1108	（白鳥）
158.9	御代田〃	938	…		1122	
164.6	平原〃	949	…		1131	

アプト式時代の信越本線の時刻表　熊ノ平駅が存在し、横川―軽井沢間に42分以上も要している（日本交通公社『時刻表』昭和36年10月号より抄録）

線区はほかにない。

　上越新幹線の高崎―長岡間は世界一の長大トンネルとなった大清水トンネルをはじめ、トンネルまたトンネルの連続で、たまにトンネルを出てもスノー＝シェルターにおおわれて、真っ暗である。これほど輸送機関としての使命に徹底されてしまうと、さすがに閉口だ。せめて高崎―長岡間だけは在来線に乗りたいと思う。

東北の巻

汽車に乗りたくなると、上野駅へ足が向く。

会社の帰り道、急に思い立って上野駅から手ぶらで夜行列車に乗る。休日の朝、どこかへいきたくなると、とにかく上野駅へいく。行き先はどこでもよいのである。上野から発車する列車でさえあれば。そんなことを幾度くり返してきたことだろう。

もちろん、東京駅へ向かったこともある。新宿から乗ったこともある。しかし、ふらりと気ままに汽車に乗ろうとする場合は、断然、上野駅からが多いのである。

私は日本のどこへでも喜んで出かけるけれど、どちらかといえば北国、とくに「みちのく」にひかれる。仕事での出張となると東京駅から新幹線、と型が決まっていたから、その反動もあるだろう。じっさい、新幹線に乗って西へ向かえば、どこまでいっても旅情が湧いてこない。いたずらに汽車賃がかさむばかりだ。

その点、上野駅からの場合は、二時間も乗れば旅心地がしてくる。行き先も多彩で、東北、常磐、奥羽、上越、信越と、よりどりみどりである。

人が旅に出るのは、日常性から逃れたい、あるいは、異質なものにふれたいという願望があるからだろう。太平洋側の大都市に住むものが「みちのく」への旅にひかれるのは当然である。けれども、それだけではないように思われる。

日本は工業大国になった。生活も洋風化され、電化された。しかし、私たちの血に流れているのは農耕民族のそれである。その血が、土の香の強い「みちのく」へとかき立てるのではないか、と私は思う。残された「民族のふるさと」、それが「みちのく」には色濃く残っている。

それはともかくとして、私は上野駅へ向かう。しかも、うれしいことに上野駅に着いたとたんに「みちのく」の香が漂ってくる。

いちばん好きな駅は？　と問われれば、「上野駅」と私は答える。

ただし、上野駅の全部ではない。好きなのは、低いほうにあるホーム、つまり13番線から19番線までである。

これが、本来の上野駅で、その後、京浜東北線や、山手線の電車が発着する高架ホームが公園寄りの西側に増設され、現在は上信越方面への列車も高架ホームに発着するようになったが、上野駅独特の雰囲気は低いほうのホームにある。

これらのホームは行きどまりになっている。そして先端がつながって櫛《くし》型となり、その先に改札口、さらにコンコースがある。専門用語で「頭端《とうたん》式」と呼ばれるもので、こういうホームに機関車を先頭にした長距離列車が、やっと着いた、やれやれ、というふうに停車するさまには、汽車ならではの風情がある。諸外国の主要駅は、だいたいこの型で、「終着駅」という映画で有名になったローマのテルミニ駅も頭端式である。

私鉄のターミナルは、ほとんど頭端式なので、駅の型としてはめずらしくないが、近郊の身軽な乗客ばかりの私鉄駅と、長距離列車が到着する上野駅とでは雰囲気が違う。大きな荷物を持って上京してきた人たちが、疲れた足どりで長いホームを改札口へ向かって歩いてくる。出迎える人、見送る人、いまは少なくなったが、家出娘もいて、それを保護する公安職員や、誘惑する兄《あに》い《い》たち。そして、コンコースの古びた高い天井。

上野駅の低いほうのホームに発着するのは東北、常磐、奥羽方面への列車である。

「20時50分発、常磐線回り青森行急行『十和田3号』は19番線から発車しまーす」

「19時40分着の秋田発特急『つばさ4号』は雪のため約一時間二〇分ほどおくれて到着の見込みです。お出迎えの方は――」

という場内放送を聞いただけでも「みちのく」の香が漂ってくる。上野駅の低いほうのホームは「みちのく」の一部なのであって、これほど体臭を発散させる駅は少ない。

東北新幹線は、この上野駅に少なからぬ影響をあたえるだろう。けれども私は、あまり悲観していない。「みちのく」は、新幹線の開通ぐらいで大きくかわるとは思えない。そんな根強さを感じさせる地方である。旅行者としての私たちも、新幹線に振りまわされることなく、適度に活用して、心のふるさと「みちのく」の旅をたのしんでいきたいと思う。

三泊四日ぐらいの予定で、味わい深く興趣に満ちた東北地方の各線に乗ってみることにしよう。

まず、上野から「新幹線リレー号」に乗る。大宮までは二六分で着く。ここで東北新幹線に乗り換えるが、いっきに仙台や盛岡まで突っ走っては、もったいないから、新幹線の利用は那須塩原か新白河までにしたい。このあたりまでならトンネルが少ないし、新幹線は高架橋を走るので、関東平野や那須野原の眺めは在来線よりもよいだろう。

宇都宮を過ぎると左窓に、那須の山々が近づいてくる。わずかながら茅葺《かやぶ》きの屋根も見えはじめ、「みちのく」へ向かっているのだとの実感が湧いてくるにちがいない。那須塩原か新白河で下車したならば、こんどは在来線の旧式鈍行列車に乗ろう。つまり、旧式の客車を機関車が牽引《けんいん》する、むかしなつかしい「客車列車」である。

同じ路線でも、特急でいくのと鈍行でいくのとは、ずいぶん味わいが違う。鈍行ならば小駅に一つずつ接しられるし、乗客も地元の人ばかりで、方言が聞ける。鈍行列車でも、ディーゼルカーや電車よりも「客車列車」のほうが、いちだんと味わいが深い。さいわい、那須塩原の次の黒磯から先は、「客車列車」が二時間に一本ぐらい運転されている。ピョーと電気機関車の笛が鳴り、ゴットン、ゴットンと走り出す。新幹線から乗り移れば、その変化の妙は、また格別だろう。

郡山に近づくと左前方に安達太良《あだたら》山がのぞまれてくる。そして、気が遠くなるような青く透き通った空。『智恵子抄』のなかで高村光太郎が「智恵子は東京に空が無いといふ　ほんとの空が見たいといふ（中略）阿多多羅《あだたら》山の山の上に　毎日出ている青い空が　智恵子のほんとの空だといふ」と詠んだ空がこれなのだ。

郡山へは常磐線の側から入ってくるのもよいだろう。水戸からの水郡線《すいぐんせん》、平《たいら》からの磐越東線と経路は二つある。水郡線は地味な線で、しかも四時間もかかるから、よほどの汽車好きでないと退屈するだろうが、のどかな解放感にたっぷりとひたれるので私の好きな線である。磐越東線は阿武隈《あぶくま》山地をいつの間にか横切ってしまう線で、夏井川渓谷の見どころはあるが、これもがいして地味な線だ。

郡山から磐越西線に入ってみる。この線も鈍行「客車列車」の宝庫で、車窓風景も左に猪苗代湖、右に磐梯山と変化に富む。会津盆地を見おろしながら、S字カーブでくだっていくあたりもたのしい。

会津若松からの会津線は、阿賀野川の支流の大川に沿う線で、深く切れ込んだ峡谷は迫力がある。上越線の小出に抜ける只見線《ただみ》は、徹底的に只見川とつき合う線で、よくもこれだけと思うほどダムと人造湖が連続する。焦点は新潟県との県境にある六十里越の豪雪地帯で、雪のないときに乗っても随所に見られる雪崩の爪跡に、豪雪ぶりがしのべる。

会津盆地で欠かせないのは、会津若松の先の喜多方《きたかた》から分岐する日中線《にっちゅうせん》である。この線の主役は無人駅となって放置された駅舎で、その荒廃ぶりは化け物屋敷を思わせる。にもかかわらず、終着熱塩《あつしお》駅の屋根の線の美しいこと。列車は昭和五七年（一九八二）三月現在、朝一往復、夕方二往復のみで、線名に反して日中は一本も走らない。不便だが、廃線になる公算が大きいので、いまのうちに乗っておきたい線である。

郡山にもどって、福島までは、ぜひ「客車列車」でゆっくりいきたい。左窓の吾妻山が美しいし、同時に「複線化」を存分に見せてくれる区間だからである。一般に単線区間を複線にする場合、上下線を並列させるのが常道であるが、地形の関係で上下線を離れ離れにすることもある。したがって、上り線だけがトンネルに入ったり、いっぽうの線がどこかへ消えたりする。郡山—福島間は、さまざまな「複線化」を見せてくれる区間で、とくに松川—金谷川間での上下線の離れぶりはみごと（？）だ。

さて、仙台までできたら仙石線《せんせきせん》に乗ってみよう。仙台と石巻《いしのまき》とを結ぶ仙石線は、戦時中に私鉄の宮城電気鉄道を国鉄が買収したもので、そのなごりを随所にとどめている。乗り場は、新装なった仙台の駅ビルから遠く離れ、仲間はずれといった恰好《かっこう》である。電車もロングシートの味気ないもので、仙台の近郊鉄道だから乗車率も高い。東北地方の国鉄に乗っているという感じのしない線だが、松島湾に沿って走るので景色はよいし、本塩釜—松島海岸間での東北本線との線路のからみ具合の複雑さにも、国鉄対私鉄のおもかげを残していて興味をそそる。ロングシートで外が見にくいから、立っているほかないだろう。終点の石巻は、石巻線との接続駅だが、駅舎は広場をはさんで別々になっており、地元では「電車駅」「汽車駅」と呼びわけている。

石巻線の前谷地《まえやち》からわかれる気仙沼線《けせんぬません》は昭和五二年の開通で、新幹線を除けば東北地方ではもっとも新しい線である。開通当初は、また赤字線がふえた、と新聞でたたかれたが、地元の熱意によって予想外の好乗車率を示している。乗車率や客層を見るのも鉄道旅行のたのしみの一つである。

一ノ関からの大船渡線《おおふなとせん》は、おらが町へも鉄道を、という政治家の勢力争いの結果、線路が北へ南へとねじ曲げられている。地図で見ると、鍋《なべ》の蔓《つる》に似ているので「ナベヅル」といわれ、乗っていると、ばかばかしくなるが、そうした鉄道敷設史を実地見聞するのも、たのしみの一つではある。この線に乗るときは磁石を持っていくとよいかもしれない。

釜石線は単調な山並みの起伏する北上山地のなかでは、比較的険しいところを走る線で、とくに陸中大橋駅をヘアピンカーブの上から見おろすあたりは「絶景」である。

盛岡からの山田線も北上山地を横断する線だが、日本のチベットといわれるだけに、長時間にわたって人跡まれな山中を走る。盛岡出身の首相原敬が、山田線の建設を帝国議会にはかったとき、野党議員から「人の住まないところに鉄道をしいて、サルでも乗せる気か」という質問が出、原敬が「『鉄道法』ではサルは乗せないことになっております」と、とぼけた答弁をしたのは有名な話だが、まったく、その珍問答を思い出さずにはいられない線である。しかし、スイッチ＝バックの駅が二つあり、吉里吉里《きりきり》、鵜住居《うのすまい》などたのしい駅名もあって、なにかと愉快な線だ。

盛岡を過ぎると、新幹線の高架橋も見えなくなって、「みちのく」の旅の味わいは、いっそう深まる。左窓にそびえるかたちよい岩手山をはじめ、山も空も青く、鄙《ひな》びた茅葺き屋根の農家も点在して、このあたりの東北本線を鈍行「客車列車」でのんびり揺られていると、複線電化の幹線であることを忘れる。

八戸《はちのへ》からの八戸線は、太平洋の眺めを満喫させてくれる。北上山地の北辺がゆるやかに海に落ち、明るい海岸美に心がなごむ。

その八戸線の終点久慈《くじ》から南へ延びる久慈線、山田線の支線の宮古線、大船渡線につながる盛線《さかりせん》の三線は、三陸縦貫線の一環として昭和四〇年代に建設された新線で、高架橋とトンネルの連続する新幹線のようなつくりになっている。これらの三線は乗客が少ないという理由で廃線指定を受けたが、さいわい、岩手県を中心とする第三セクターの手によって運営されることになった。未開業区間の工事もほとんど完成しているので、昭和五九年には「三陸縦貫鉄道」が開業できる見通しだという。どんな列車が走るのか、たのしみである。

八戸、三沢を過ぎると、右窓に小川原湖《おがわら》が寒々とひろがる。東北本線の車窓風景も、このあたりまでくると北海道に似てくる。野辺地《のへじ》からの大湊線ともなれば、もはや「内地」ではない。無人の砂丘地帯をひたすら北へと走るばかりで、こんな日本もあったのかと思う。

「みちのく」の旅は、文字どおり奥が深い。鉄道に乗っていると、つくづくそれを感じる。

東北新幹線が開通しても、その奥深さはかわらないだろう。

奥羽・羽越の巻

このところ機会にめぐまれて外国の鉄道に乗っている。

乗れば、日本の鉄道と比較してしまう。座席がゆったりしているのが、羨《うらや》ましい、車内放送がほとんどないのも静かでよい、そのかわり、安全性は日本が抜群だ、あちらはドアが開いたままでも平気で発車するし、貫通路の幌《ほろ》がはずれていたりする……。おたがいに長所、短所があって、いろいろだが、『時刻表』ファンの目から見ると、外国の鉄道は、あまりおもしろくない。

『時刻表』のおもしろさ、といっても、あれは社会の多様な動きを無言で表現しており、その広さは比類がないのであって、したがって、『時刻表』の数字の羅列のなかから何を読みとり、どこをおもしろいと思うかは、人さまざまであろう。私はといえば、幹線系線区における列車の入り乱れ具合が、おもしろくてしかたがない。いわゆる「過密ダイヤ」である。一本の線路に特急、急行、快速、鈍行がひしめき、抜きつ抜かれつ、奪い合い、ゆずり合っている。

よくもこれだけたくさんの列車をおし込んだものだと感心するが、このほかに貨物列車もある。『時刻表』には掲載されていないが、旅客列車の時刻をこまかく眺めていると、「隙間」があり、そのあたりに貨物列車が挿入されているのではないかとの見当はつく。いずれにしても、列車ダイヤの作成者である「スジやさん」たちの技術と苦労はたいへんなものであろう。

日本の幹線系線区の列車密度の濃さは世界一である。西ドイツも密度が濃いが、それでも日本の二分の一ぐらいにすぎないという。

外国の鉄道に乗っていると、複線区間でも日本のように頻繁には列車とすれ違わない。二〇分も三〇分も対向列車を見ないことさえある。日本であれば、そのような線区は複線にはしないだろう。単線で十分である。

過密ダイヤでなく、線路に余裕のある諸外国の列車は、運転時刻が正確でない。始発駅での発車時刻はがいして正確であるが、走り出してしまえば、五分や一〇分は平気でおくれる。大陸横断列車ともなれば、一時間おくれたり、三〇分早く着いたりすることも、めずらしくない。

日本では、そんな呑気《のんき》な運転はできない。たちまちほかの列車に迷惑がかかる。複線区間の場合はまだよい。単線区間では、対向列車のダイヤを乱してしまい、その影響は上りから下りへ、さらに次の上りへと芋蔓《いもづる》式にひろがっていく。スピード＝アップしておくれを取りもどそうとしても、各駅ごとに対向列車とすれ違うほど列車がひしめいていれば、なかなか回復できない。日本の列車時刻は世界一正確だが、正確に走らなければ収拾がつかなくなるからでもある。

それなら線路を増設して楽に走れるようにすればよいのだが、日本では、それができにくい。線路を増設したいところほど地価が高く、高架化などで工事費もかかり、騒音問題にも対処しなければならない。これは住宅事情と同じで、説明するまでもないだろう。要するに「過密国家」であるがゆえの過密ダイヤなのである。

線路不足による過密ダイヤと運転時刻の正確さは、その背景にある事情を考えると気の毒になるけれど、日本の『時刻表』のおもしろさは、そこからきていると思う。掲載された時刻どおりに現実の列車が抜きつ抜かれつしながら走っている、という信頼があってこそ、『時刻表』の迫真力は増すのであり、『時刻表』のおもしろさも、それに裏づけられるのである。外国の鉄道の『時刻表』も一分単位で表わされているが、実際に乗ってみれば、飛行機のように五分単位でよいと思われるのが大半であり、すれ違い列車と『時刻表』を照らし合わせるたのしさに乏しい。スイスは鉄道王国であり、列車本数が多く、運転時刻も正確なように思われたが、隣国のイタリアからルーズな列車が乗り入れてくるため、線区によっては迷惑を受けていた。

『時刻表』と現実の列車を照合するたのしみは、幹線系線区ならどこでも味わえるが、とりわけおもしろいのは単線区間と複線区間とが混在した線区であろう。日本じゅうのあちこちにあるが、一例として羽越本線と奥羽本線の複線化状況を次ページに図示してみた。

輸送力増強の要請によって単線の線区を複線化する場合、全区間を複線にするのが理想である。けれども、予算のつごうでそれができないときは、図のようにとびとびに複線化したほうが効率がよいのだという。その理由がぱっとわかる人は、よほど頭脳が明晰《めいせき》にちがいない。私など、方眼紙にダイヤのスジを引いてみて、ようやく、だんだんわかってきた。

が、とにかく、なんともいじましい複線化ではないか。このような芸のこまかい単線、複線の混在区間など、まず外国にはないだろう。日本の線路不足を象徴しているような図である。

「ひと目でわかる電化と複線区間」という図が日本交通公社の大判の『時刻表』の一月号に掲載される。他の線区の複線化状況を知りたい方は参照していただきたい。

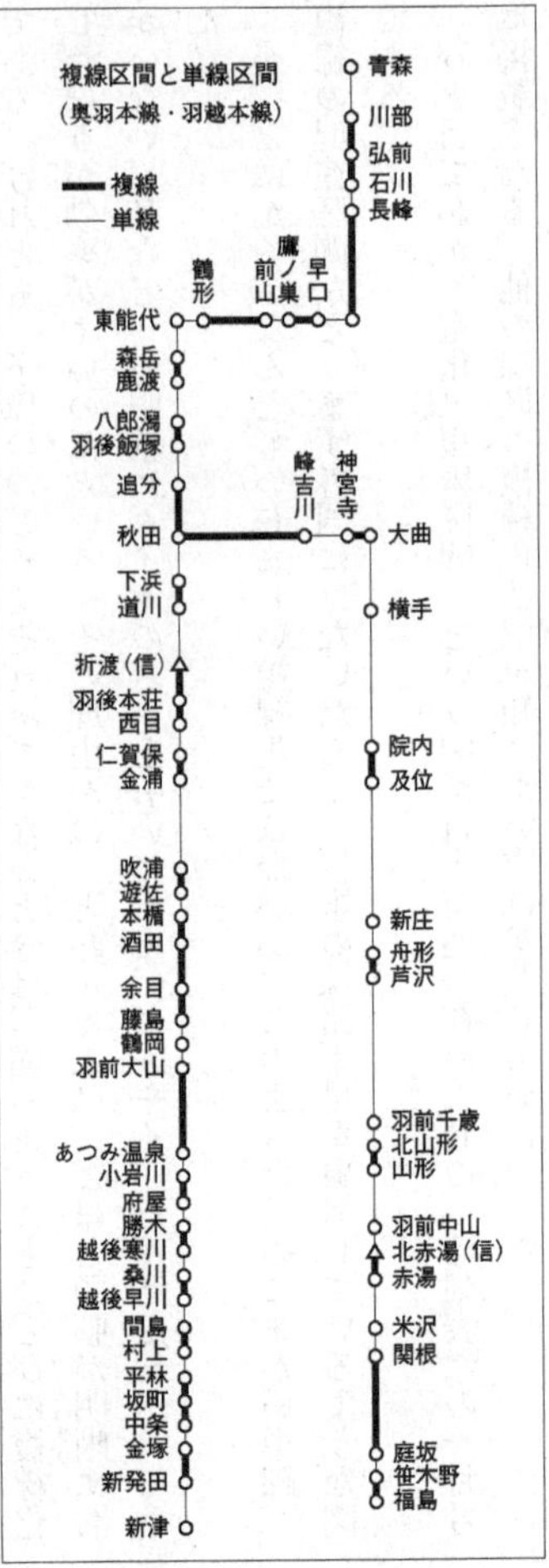

この図と『時刻表』とを参照しながら実際に乗ってみると、目まぐるしくも、おもしろい。複線区間で対向列車と走りながらすれ違ったかと思うと、次の駅では対向列車の進入を待つ。単線区間なのに向こうからも列車が入ってくる場合もある。これでは正面衝突だと心配になると信号場があって無事に交換を終える。あれこれ眺めているうちに、貨物列車の挿入の仕方についても、だんだん見当がついてくる。

『時刻表』どおり正確に列車が走ってくれないとつまらないと書いたが、単線区間がふくまれている場合は多少の遅延もあらたな興味の対象になる。たとえば、通過するはずの小駅に特急が停車した、この先は単線区間である、すでに入線して特急を待っているはずの対向列車の姿がない、しかし、特急を待たせるからにはそのおくれは少ないにちがいない、五分以上ならば交換を次の駅に変更するとの列車指令がくるはずだ、とすると……。はたして三分おくれでやってくる、といった具合である。

たぶん、この列車だけが勝手におくれたのではないだろう、一本まえの対向列車がおくれたために影響を受けたのかもしれない、とすれば、この次にすれ違う列車もおくれてくるはずだ、そのおくれはどのくらいか、そして、わが特急は三分のおくれを取りもどせるかどうか、しかし、次の列車とすれ違ったあとは、しばらく対向列車がないから取りもどせるかもしれない、いや、この過密線区にそんな空白の時間帯のあるはずがない、貨物列車がくるのではなかろうか……。と期待していると、なにもやってこなかったりで、とにかく興味は尽きないし、忙しい。

駅間距離と所要時分を引き算で出し、距離を時間で割ってみなければならないから単純な計算ながら頭の体操にもなる。ダイヤが大幅に乱れた場合は何がなんだかわからなくなってしまうが、数分ぐらいずつのおくれならば『時刻表』をもとにした推理の射程距離内に入るので、このようなたのしみ方もできるわけである。

単線と複線が混在する区間はがいして景色がよい。函館本線の函館―長万部《おしゃまんべ》間、信越本線の長野―直江津間、中央本線の小淵沢―辰野間と塩尻―中津川間、鹿児島本線の八代《やつしろ》―鹿児島間などであるが、とくに羽越本線は景色がよいだけでなく、単複混在の区間が群を抜いて長いので、景色を見るやら列車の運行ぶりを点検するやら、長時間にわたって忙しくもたのしいことになる。

ただ、羽越本線の場合は下り列車に乗ったほうが日本海がよく眺められる。複線化による新線（上り列車用）は山側にしかれているため、しばしばトンネルに入ってしまうからである。

なお、さきの図からもわかるように、新津―秋田―青森間にくらべると、奥羽本線の福島―秋田間の複線化率は格段に低い。これは貨物列車の運転本数に大きな違いがあるためで、北前船《きたまえぶね》以来の流通経路が今日も日本海沿岸の幹線に生きているのである。羽越本線に乗ってみると、貨物列車と、じつによくすれ違う。

ところで、奥羽、羽越の沿線を特色づけるのは、なんといっても冬である。重く厳しい日本海、その湿った空気がもたらす豪雪。冬にいってみなければ、この地方のことはわからないといっても過言ではないと私は思う。

とくに、米坂線の小国《おぐに》付近、奥羽本線の新庄《しんじょう》—横手間、阿仁合線《あにあいせん》の阿仁前田—比立内《ひたちない》間の雪は、ひときわ深い。上越線や信越本線の新潟県側も雪が深いが、あちらはスキー場が数多くあって華やぎ、雪の厳しさが減殺されているが、こちらはスキー場も少なく、迷惑千万な雪に埋もれてながい冬を過ごす。

私は温暖な太平洋側に育った人間で、雪国のほんとうの厳しさなど、まったく知らない。汽車からおりて、雪のなかをすこしばかり歩くだけの勝手な旅行者だが、それでも胸をつかれる思いはする。そのたびに、旅は「身のためになる」と思う。この地方は紅葉がとくに美しいし、温泉場も無数にある。秋には観光客がたくさん訪れる。しかし、いくならば冬である。この地方の冬を知っている人だけが新緑や紅葉の美しさがわかるのだとさえ思っている。

車窓から豪雪を眺めるには奥羽本線がよいだろう。まず、福島—米沢間。ここは鈍行列車にかぎる。赤岩、板谷、峠、大沢と四つのスイッチ＝バック駅の一つ一つに立ち寄っていくからだ。特急や急行では雪にかくされて駅舎も見えないままに通過してしまうし、峠駅の力餅を買うこともできない。雪深いホームに立つ力餅売りの姿は一幅の絵である。

積雪量は地形によってさまざまで、山形盆地は比較的少ないが、大石田あたりからにわかに雪が深くなってくる。つのる吹雪でレールがたちまち白くおおわれ、小駅に停車してすれ違う特急を待っていると、雪煙を吹きあげて「つばさ」が通過していく。そのあとにレールが姿を現わすが、すぐ雪に埋もれてしまう。そして、難読駅名で名高い及位《のぞき》を過ぎて秋田県に入れば、雪はますます深くなる。

冬の日本海の厳しさを知るには五能線《ごのうせん》という絶好のローカル線がある。夏に乗ると海岸に並べられた新旧さまざまなかたちのコンクリート製テトラポッドが目ざわりに感じられるが、冬になれば、これがなかったら五能線は波にさらわれるのではないかと思うほどに日本海が荒れ狂う。

阿仁合線は、とくに景色のよい線ではないが、そのローカル色はすばらしい。行商のおばさんが、まだまだたくさん乗っているし、沿線にはクマも出没してマタギ(狩猟で生計を立てる人)の集落もあり、クマの肉を食べさせる店もある。

そして、五能線にしろ阿仁合線にしろ、車内で交わされる方言の難解なこと。滑らかな抑揚はフランス語にも似て耳当りはよいが、まるでわからない。外国の汽車に乗ったような気分にしてくれる。

果物の豊富なことも、この地方の魅力の一つである。サクランボにはじまり、ブドウ、リンゴと進んでカキで終わる。果樹園で見ごたえのあるのは五能線の板柳付近で、樹齢五〇年をこす大木が怪獣のように枝をくねらせているさまは迫力がある。そして、晩秋の民家の軒先に吊《つ》るされた剝《む》きたての干柿の美しさ。干柿は日本じゅうどこでも見られるが、山形県のがもっとも美しいと思う。家が黒く重くずっしりしているのでカキの色が映えるのだろうが、日本風景美の極致である。

仙山線《せんざん》は、わずか五八・〇キロの線区だが、沿線の風景はきわめて変化に富んでいて、熊ヶ根 橋梁《きょうりょう》、「交流電化発祥地」の碑のある作並駅《さくなみ》の佇《たたずま》い、仙山トンネルの前後の峡谷美、そして山寺駅から見あげた山水画そのままの立石寺《りっしゃくじ》の堂宇など、じつによく見どころがそろっている。列車の種別も電車急行、ディーゼル急行、鈍行客車列車といろいろあってよりどり見どり、こんな線区にふらりと下駄ばきで乗りにいける仙台や山形の人が羨《うらや》ましくなる。

山寺立石寺といえば「閑《しづか》さや岩にしみ入蟬《いるせみ》の声」の松尾芭蕉は欠かせない。鳴子《なるご》の尿前《しとまえ》の関《せき》にはじまり、山刀伐峠《なたぎりとうげ》、尾花沢、立石寺、最上川、羽黒山、月山、酒田、象潟《きさかた》と、芭蕉はこの地方を丹念に歩き、名文と秀句を残している。『時刻表』や地図とともに『おくのほそ道』一冊は旅行鞄《かばん》に欠かせない。

北海道の巻

北海道への旅は青函連絡船からはじまる、あるいは、はじまるべきだと私は信じている。けれども、そんな信念は時代おくれになってしまった。

東京—札幌間を例にとると、飛行機の利用者が九五パーセントで、鉄道利用、つまり青函連絡船で北海道に渡る人は、わずか五パーセントだという。

忙しいビジネスマンが北海道を往復するのに飛行機を使うのは当然としても、そうでない人たちまで飛行機でいくからだろう。

旅行社の企画した北海道ツアーのパンフレットを見ると、すべて往復とも飛行機となっている。飛行機でなければ北海道へ渡れないかのようだ。観光客までが飛行機に乗るようでは、九五対五という比率もむりはない。

人が、どんな旅行をしようと自由であるし、とやかくいいたくないけれど、せめて、はじめて北海道へいく人は、往きだけは青函連絡船で渡ったほうがよいと思う。赤字国鉄の救済のためではない。飛行機で、あっさり千歳空港に着いたのでは、北海道の遠さ、という肝心のところがわからないのではないかと思うからである。

しかも、千歳に着いてからの観光ツアーの行き先は、札幌、洞爺湖、層雲峡、阿寒、知床と、だいたい型がきまっている。このうち、阿寒と知床を除けば、さして北海道らしいところではない。そして宿も団体客目あてに設計され、運営される大観光旅館ばかりである。

さらにまた、こうした旅行のほとんどは、気候のよい初夏から初秋にかけて企画される。冬のツアーがまったくないわけではないが、それも札幌の雪祭やハクチョウ見物程度が多い。

こんな定食的旅行でも、北海道へいったことにはなる。けれども、それで北海道を知ったつもりになられたのでは、北海道と、そこに住む人に対して、失礼というか誤解のもとになるというか、そういう気がしてならないのだ。

かくいう私にしても、北海道で生活したことはないし、あの厳しい冬についても、その片鱗《へんりん》にふれたにすぎない。また、クマの棲《す》む知床半島や氷河の跡をとどめる日高山脈にわけ入ったわけでもない。北海道を訪れた回数だけは多いが、あくまでも鉄道旅行者として垣間《かいま》見てきただけである。

けれども、その私でさえ、おおかたの観光ツアーのスケジュールを見ていると、これじゃあだめだと思う。腹立たしささえ覚える。

どうも、北海道旅行のことになると、柄にもなくむきになる癖があるようで恐縮だが、そういわざるをえない。

腹を立て、批判するだけでは建設的でないから、私なりの北海道旅行の代案をご披露したいと思う。一鉄道ファンの私案にすぎないけれど、旅行社の企てるものよりは、ずっとよいはずである。

まず、青函連絡船。

東北本線や奥羽本線の列車が終着青森に近づくと、「青函連絡船にお乗り継ぎのかたは……」といいながら車掌が「乗船名簿」の用紙を配りにくる。用紙の色が普通船室の客は白、グリーン船室は緑に区別されているのは感じのよいものではないが、これから船で北海道へ渡るのだという気分がしてくる。

連絡船の乗船口では、事務長たちが並んで丁重に迎えてくれる。五三〇〇トンの大きな船でもあり、遠い船旅に出るかのような錯覚を覚える。そして銅鑼《どら》が鳴る。

出航後三時間、前方に函館山が見えてくる。石川啄木が「われ泣きぬれて蟹《かに》とたはむる」と詠んだのは、この函館山の岸辺であった。

連絡船は函館山の西側をまわって入港態勢に入る。斜面には外人墓地や古い西洋館、そして港には北洋漁業の船が舫《もや》っている。

さして揺れることもなく、わずか三時間五〇分で着いてしまうけれど、かつては、本州で食いつめた人や、北海道に未来を託した人たちが小さな船に乗って、この函館へ渡ってきたのだ。〽はるばるきたぜ函館へ……との思いが募ってくる。

列車に乗り継ぎ、函館の町を出はずれると、もうポプラやサイロが現われる。そして三〇分で大沼公園にさしかかる。前方には貴婦人のような優美な裾《すそ》を引いた駒ヶ岳、左窓には静寂な小沼とシラカバ。函館の郊外なのに高原の風景ではないか。

函館と東京との緯度の差は約六度である。一度につき平均気温は六度さがり、標高差にして約九〇〇メートルに相当するという。つまり、北海道南端の函館でも、その自然条件は軽井沢あたりに相当する。

函館から札幌までは特急でも四時間半かかる。飛行機の場合は、函館の上空にさしかかると、早くも千歳空港への着陸態勢に入るのだから、まったく比較にならない。

けれども、北海道への旅をオペラにたとえれば、青函連絡船は序曲であり、函館から札幌までが第一幕である。いきなり飛行機で千歳に着いたのでは第二幕から見るようなものではないか、と私は思っている。しかも、札幌はビルの建ち並ぶ小東京だ。

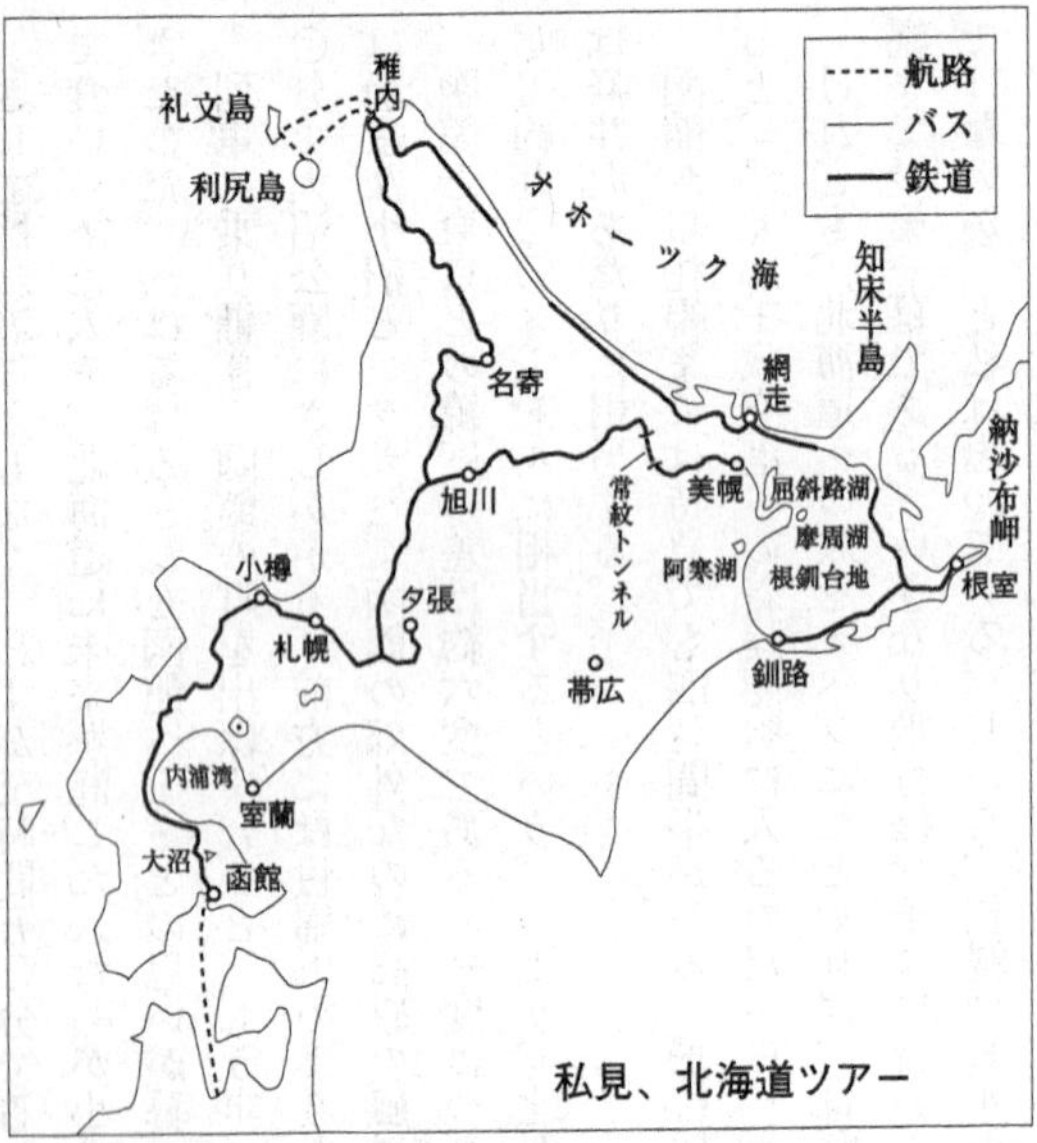

私見、北海道ツアー

駒ヶ岳をあとにした列車は、寂しい内浦湾（噴火湾）の岸辺を走り、長万部《おしやまんべ》に停車する。アイヌ語のオシャマンペのあて字で、「カレイのいるところ」の意だという。いまはカレイよりも毛ガニの産地だが、アイヌ語源の駅名標を眺めるのは北海道の鉄道旅行のたのしみの一つである。

ほとんどの列車は、長万部から室蘭本線に入って洞爺、登別《のぼりべつ》へと向かうが、私たちは倶知安《くっちゃん》（クチャウンナイ、猟人の小屋のある沢）回りでいくことにしよう。エゾマツ、トドマツの樹間を流れる清冽《せいれつ》な尻別《しりべつ》川と「蝦夷《えぞ》富士」の後方羊蹄《しりべし》山がぞんぶんに眺められ、かつ、三つの峠越えをたのしむことができるからである。この区間は函館本線ではあるが、メイン＝ルートの座を室蘭本線と千歳線に奪われてローカル線のおもむきを呈している。できれば鈍行の客車列車に乗りたい区間だ。

函館本線が落ちぶれたのは小樽の没落とも関係がある。

北日本海の交易の中心であったころの小樽は活況を呈していた。商業都市小樽は行政都市札幌と並ぶ存在だった。けれども戦後は、すべての中心が札幌に移り、小樽は寂れてしまった。

その小樽は、ぜひ訪れたい町である。

往時の栄光をしのばせる風格ある駅舎、古い洋館の建ち並ぶ色内町の通り、煉瓦《れんが》の倉庫を映す運河、そして、なにより見落とせないのが町の西はずれにある鉄道記念館の旧手宮《てみや》機関庫であろう。明治一三年（一八八〇）に建てられた現存する最古の機関庫で、煉瓦造りの美しい建物である。しかも、なかにはアメリカから輸入された六号機の「しづか」号や木造客車の「開拓使」号などが、一〇〇年の歳月に耐えて保存されている。

北海道に最初に鉄道がしかれたのは札幌―手宮間で、明治一三年の開業であった。新橋―横浜間の開業よりおくれること、わずか八年にすぎない。これほど早い時期に北海道に鉄道が出現したのは、幌内《ほろない》炭鉱の石炭を手宮から積み出すのがおもな目的であったが、北海道開拓にかける明治政府の熱意を示すものともいえる。けれども、その開拓ぶりは、苛《か》酷《こく》きわまる労働によってささえられたのであった。

北海道へきたからには、石炭と開拓、この二つの面は、ぜひ見ておきたい。炭鉱線に乗るとすれば、石勝線《せきしょうせん》の支線になった旧夕張線がよいだろう。石炭産業の斜陽化とともに人々が去り、無人となって荒れ果てた炭鉱住宅が谷間《たにあい》を埋め、その上におおいかぶさるように張り出したボタ。胸をつかれるような景観が車窓に展開する。

開拓のための苛酷な労働は、北海道鉄道史の一つの主題ともいうべきもので、いたるところ、想像を絶した悲話に包まれているが、オホーツク海側への旅を兼ねて、石北本線に乗ってみるのがよいだろう。とくに遠軽《えんがる》から北見へ抜ける常紋トンネルの工事は残虐非道をきわめたようで、トンネルの北口付近には「タコ部屋」で死んだり殺されたりした人たちの遺骨が埋められているという。これについては小池喜孝氏の『常紋トンネル』(昭和五二年〔一九七七〕、朝日新聞社刊)を読んでおかれるとよいと思う。

石北本線の美幌《びほろ》で下車し、観光バスで阿寒国立公園を一周しよう。いうまでもなく、原生林と湖の美しさは比類がない。そのあと、釧路湿原を見て、根室本線で根室へ向かう。釧路—根室間は、森、原野、湿原、さらには海霧、ウミガラスなど、最果ての旅情をつのらせてくれる区間である。

根室からはバスで納沙布《のさっぷ》岬へ。ソ連占領の水晶島が眼前にある。厚床《あっとこ》まで引き返し、標津《しべつ》線《せん》に乗ろう。北海道の魅力は、広大無垢《むく》な大地にあるが、なかでも根釧《こんせん》台地はその代表格である。ゆるやかに起伏する無人の台地のなかを、一両のディーゼルカーが大自然にとけ込んで走ってくれる。

根室標津からバスで知床半島の基部を横切り、斜里に出る。ここから、釧網本線《せんもうほんせん》、湧網《ゆうもう》線《せん》、名寄本線《なよろほんせん》、興浜南線《こうひんなんせん》、興浜北線《こうひんほくせん》、天北線《てんぽくせん》に乗り継いで、オホーツク海を満喫しながら稚内《わっかない》へと向かうことにする。釧網本線を除けば、すべて廃線候補にあげられた線ばかりである。

この区間はオホーツク海ばかりでなく、原生花園あり、湖あり、原野あり、また、簡素な佇《たたず》まいで北海道の鉄道ならではの風情を漂わせる仮乗降場も多く、四季おりおりに、幾度でも乗りたい線ばかりであるが、圧巻は冬であろう。

北海道、とくに道北、道東地方の冬は厳しい。「死と紙一重だ」という人もいる。裏口に積んだ薪をとりにいって吹雪に巻かれ、方角がわからなくなって遭難することさえあるという。私も冬の納沙布岬で、すぐ目の前に停まっているはずのバスが吹きあげられた粉雪で見えなくなり、あわてたことがあった。

一月末から三月はじめにかけてのオホーツク海沿岸は流氷に閉ざされる。漁民にとっては迷惑な流氷だが、その雄大荘厳な眺めは、日本にいることを忘れさせるものがあり、小市民的な心情は圧《お》しつぶされてしまう。日本の自然の景観で、もっとも印象の強いものを一つだけあげろと問われれば、私は迷わずオホーツク海の流氷と答えるだろう。

原生花園に佇むのも、知床で白夜が明けるのも、阿寒湖の観光船から「マリモ」をのぞくのも、札幌でジンギスカン鍋《なべ》をつつくのも、みんなよいけれど、もし、それだけで北海道のイメージが形成されたとしたら、誤解のもとになる。冬を知らずに北海道は語れないと思っている。

国鉄全線の完乗といったことが流行している。私も全線に乗った一人だが、冬の北海道へいくと、一回乗っただけでは、しようがないなと思う。たとえば、夏の湧網線と冬の湧網線とでは、まったく別の線なのである。

さて、稚内に着いた。時間に余裕があれば利尻《りしり》島と礼文《れぶん》島を訪れたい。その寒々とした寂しい北辺の景観は、沿海州のナホトカあたりに通じるものがある。ただし、夏以外はそうとうに船が揺れることを覚悟しなければならない。

稚内からの帰途は宗谷本線で名寄までもどり、深名線で函館本線の深川へ抜けよう。宗谷本線から眺めるサロベツ原野もすばらしいが、深名線の豪雪にはおどろかされる。これまた夏と冬とでは別の線になる。なにしろ、冬は雪に埋もれて、ほとんどなにも見えないのだ。

東日本の私鉄の巻

私は国鉄の各線に、すくなくとも一度は乗ったことがある。しかも、それに飽きたらず、いまは季節をかえて、つまり、第一回目とは異なった印象を受けそうな状況のときを選んで乗りに出かけ、「すくなくとも一度」を「二度」にしようと心がけている。ご執心なことだと自分でも思っている。

それにくらべると私鉄には、まだ一度も乗ったことのない社線や線区が、かなりある。この一年半ほどのあいだ、地方の中小私鉄にせっせと乗ったので、ローカル私鉄については「未乗」の線が残り少なくなったが、大手私鉄となると、まだまだで、とくに名鉄、近鉄、西鉄が弱い。

このように、国鉄と私鉄の乗りかたに差が出ていて、なんだか官尊民卑のように見えるけれど、そういうつもりはない。これは主として『時刻表』のせいなのである。

鉄道ファンとかマニアとか、ひと口にいわれるが、近づいて、あるいはなかに入ってみると、いろいろな種類がある。車両にのみ興味のある人、時刻表ばかり読みふける人、古い文献にわけ入る歴史派、切符や部品などを集め、ときには泥棒すれすれのことまでやる蒐集《しゅうしゅう》派、さらには机上派と実行派など、大別しただけでもこれくらいあり、これらが縦割り横割りにからみ合って一人の鉄道ファンなりマニアなりが形成されるのだが、私の場合は「時刻表旅行型」、つまり時刻表のおもしろさに魅《ひ》かれてその実地見聞に出かけるというタイプで、それに歴史派の要素が加わっている。旅行のために時刻表をしらべるのではなく、時刻表を読みふけっているうちに乗りたくなってしまう、いわば本末転倒型である。

時刻表のおもしろさでは国鉄の幹線が断然他を圧している。規模が大きく、列車の種別が多く、夜行列車もある。それが一本の線路を奪い合い、譲り合いながら、抜きつ抜かれつしている。列車本数に比して線路が不足しているからであり、列車ダイヤ作成者の苦心の存するところなのだが、そこが時刻表愛読者にとってはおもしろい。

その点、ローカル線は規模が小さく、運転本数も少なく、時刻表のうえでの興味に乏しい。

むしろ、ローカル線よりは大手私鉄のほうがおもしろいはずなのだが、これが交通公社の時刻表においては、いちじるしく虐待されている。国鉄の場合は全駅と、国電を除く全列車が掲載されているのに、私鉄は一部しか載っていない。しかも、特急と鈍行を別々に掲げてあるので、抜きつ抜かれつのぐあいがわからない。時刻表編集部にも事情があるようだが、そういうことになっている。最近、大手私鉄各社が自社の全駅全列車を掲載した時刻表を発行するようになったのはうれしいことで、それを眺めているうちに、だいぶ心がうごいてきたが、やはり規模の点では国鉄より見劣りがする。

そういうわけで、私鉄より国鉄のほうに関心が偏しており、私鉄について語るのは気がひけるのだが、比較ぐらいはできると思う。

私は国鉄の全線に乗り、それについての本など書いたので、国鉄好き、あるいは国鉄びいきのように見られているらしい。しかし、これはまことに心外である。時刻表を通じて国鉄の路線と列車に興味と関心をいだいているだけであって、好ききらいは別である。好ききらいでいえば、むしろ私鉄のほうが好きだ。

国鉄総裁の高木さんに『国鉄ざっくばらん』という著書があるが、そのなかに国鉄に対する世間の罵詈《ばり》雑言《ぞうごん》が列挙してある。それによれば、官僚主義、傲慢不遜《ごうまんふそん》、ひとりよがり、殿様商法、親方日の丸、たるみ国鉄、無責任国鉄、ことなかれ主義、企業意識欠如、横柄な国鉄職員、無愛想な窓口、低劣サービス、乗客不在……。

さすがに国鉄が気の毒になるほどだが、そういわれてもしかたのない面はある。それにくらべると私鉄のほうは風当りが弱い。国鉄があまりにひどいので、私鉄が得をしているのだろうが、一般的に私鉄のほうが感じのよいことは確かであろう。

もっとも、これでは大ざっぱすぎるのであって、接客態度でいうと、感じの悪いほうから順に、①国鉄の幹線、②大手私鉄、③国鉄のローカル線、④ローカル中小私鉄、となる。私の皮膚での実感であり、おおかたの利用者も同感されるのではないかと思うが、なんのことはない、時刻表でのおもしろさの順と同じで、感じの悪いほど時刻表がおもしろいというかたちになっている。忙しいから愛想が悪い、忙しいからおもしろいということなのだろう。じっさい、新宿駅の改札係にニコニコしろと注文しても無理だ。一日数本しか列車の通らないローカル閑散駅でホームの花壇づくりをたのしむ駅員と同じ待遇でいいのかと同情させられるほどである。

忙しければ愛想は悪く、暇なら親切、というのは鉄道にかぎらない。どこの職場でもそうだろう。けれども、同じ条件の場合、やはり私鉄のほうが感じがよい。国鉄でもローカル線の職員には温かみがあり、国電と幹線しか知らない人に、こんな国鉄もあるのですよ、と見せてあげたくなるが、しかし、地方の中小私鉄の醸しだす「健気《けなげ》な温かさ」にはおよばない。

地方の中小私鉄のほとんどは赤字経営である。そして、国が面倒をみてくれる国鉄とちがって、一企業にすぎない。当然、企業意識は強くなるだろうし、企業体の規模が小さいから、従業員も少なく、個人商店に似ている。丹後の加悦《かや》鉄道では重役が箒《ほうき》を持って構内を掃いているし、運転士や車掌が車両の塗装や修理もやる。大世帯の国鉄では職種が厳然とわかれていて、どんなに暇があっても運転士は運転以外のことはしない。

青森県の南部縦貫鉄道はレール＝バスを走らせている唯一の鉄道であり、その乗り心地の悪さには格別のものがあるが、その醸しだす温かさと、後味のよさは、これまた格別である。この会社の鉄道部門は赤字であるが、それを補うために、学校給食の輸送と調理、さらには地元の諸施設の清掃や、ゴミ処理などもやっている。昭和五五年度の決算によると、鉄道部門の二五八四万円の赤字に対し、関連事業部門が、二二六〇万円の黒字を計上して、鉄道の赤字の八七パーセントを埋めている。ゴミ処理までやってである。

私鉄に乗るのに、いちいちこんな数字を知らなくてよいし、私にしても南部縦貫鉄道に乗ったあと、気になって調べたにすぎないのだが、そうした涙ぐましい努力は乗っていれば、おのずと伝わってくる。

経費を節減しなければならないから、車両をたいせつにするし、ギリギリまで使う。曾祖父いらいの紋付袴《はかま》みたいに、すり切れ、つぎだらけになっているが、掃除はゆきとどき、床は黒光りしている。粗末に扱われている新型車両と、たいせつにされている老朽車両と、どちらが客にとって望ましいか、意見のわかれるところだろうけれど、物理的乗り心地は劣っても、清潔な老朽車両は心を温めてくれる。

温めるといえば、北海道の三菱石炭鉱業大夕張線《おおゆうばりせん》では冬になると客車にストーブを積む。四人分の席をとりはずしてストーブを置くので、「定員　夏68冬64」と車両に書いてあり、屋根から煙突が出ている。青森県の津軽鉄道もストーブを積む客席列車が一編成だけある。私はこの二社線のストーブ列車に乗ってみたが、ストーブを囲んで地元の人とことばをかわし、方言に耳を傾けていると、窓外の景色などどうでもよくなる。走ってさえいればよく、ローカル私鉄の醍醐味《だいごみ》、ここにきわまる、といった感銘をおぼえる。

銚子電気鉄道には、東京都電から譲りうけた中古ビューゲル（集電装置）をつけたのがある。終点に着くと、車掌が紐《ひも》を引っぱって向きをかえる。

ワンマン＝カーも国鉄にないもので、田舎のバスに乗ったような親しみがある。

軌間七六二ミリのナロー＝ゲージ（狭軌）も、国鉄では味わえないもので、黒部峡谷鉄道や西武鉄道の山口線のような観光用、遊園地用の場合は味わいが減殺されるが、大井川鉄道の井川線のように地元客を主体とする線は、まったくたのしい。車両の幅が狭いので、なんとなく内輪同士で乗っている気分になる。

三陸海岸の岩手開発鉄道は、石灰石輸送が主力で、旅客列車は付随的なものだが、そのせいか、運賃が途中まで四〇円、終点まで九・五キロ乗っても六〇円である。いまどき四〇円で乗れる鉄道はめずらしい。旅客からの収入なんかあてにしていません、といった運賃設定なので、やや遠慮気味にホームに立って始発列車を待っていると、手提げ金庫を持った職員が現われ、おはようございます、と挨拶《あいさつ》された。こうなると、つい余計な切符まで買ってしまう。

大手私鉄にもローカル私鉄に通じる雰囲気の線区がある。東武鉄道はローカル線問題に悩む国鉄の小型判の観があるが、とくに熊谷線がそうだ。東急の世田谷線は私の家から近いので、遠まわりしてでもよく乗る。どんなボロ鉄道でも道路に対しては優位に立っており、踏切を遮断して車を停めるが、世田谷線と環状七号線との平面交差では鉄道と車とが対等で、たがいに信号機がある。おくゆかしくて好感がもてるが、あまりあちこちで行なわれてほしくないと思う。

関東の大手私鉄は、関西にくらべると競合路線が少なく、独占に安住しているかにみえるが、そのなかにあって国鉄と競争せねばならぬ京浜急行の努力には見るべきものがある。国鉄の品川―横浜間の線路は、ほぼ一直線で駅数も少ないが、これに対し、京浜急行はカーブがあるうえに駅数が多く、通過するにしても分岐器がある。そのハンディをカバーするために強力なモーターをつけてスタートダッシュをはやくしているという。脱兎《だつと》のごとくである。この線の快速特急に乗ると、阪神間のような錯覚をおぼえる。特急から鈍行への接続もよい。

健気で多士多彩、そして温かさ。そこに私鉄の魅力があるように私は思う。

西日本の私鉄の巻

関東の人間が関西の私鉄に乗ると、圧倒されたり感心したりすることが、じつに多い。まず阪急電鉄の梅田駅。駅とも町ともつかぬ広大なコンコースや地下街、ドームの天井からはシャンデリアが、ずらりとさがっている。そして九本にも及ぶ線路が巨大な櫛《くし》のように並ぶ。

梅田を発車すると、複線が三組も並行して新淀川を渡る。運がよければ三本の電車が並んで走る、という絶景に接することもできる。ターミナルといい、この梅田―十三《じゅうそう》間の三複線といい、私鉄経営の先覚者小林一三《いちぞう》が築いた阪急王国の繁栄を、まざまざと見る思いがする。

東京の私鉄に乗ると、線路の不足を痛感させられる。とくに朝のラッシュ時の上りがひどい。超過密ダイヤのため急行や快速が前をいく各駅停車を追い抜くことができず、ノロノロ運転を余儀なくされる。しかも、構内信号で停車したりするので、一つの駅のために二度停車することも当然のようになっている。上下一本ずつの複線では消化しきれないほどの運転本数なのである。

ところが、大阪を中心とする関西の私鉄に乗ると、朝のラッシュ時でも東京ほどのノロノロ運転にはならない。さすがに午前八時前後だけはスピードが落ちるが東京の私鉄ほどではない。それは、運転密度の濃くなるターミナル近辺が複々線化されているからであろう。南海、近鉄、京阪、いずれもそうである。東京の場合は、新宿、池袋、渋谷などに乗り入れる私鉄のすべてが、最後まで複線のままである。

阪急の三複線は神戸本線、宝塚本線、京都本線の三線区からなっているのであり、南海は南海本線と高野線、近鉄は大阪線と奈良線を、それぞれ合流させているから複々線になるのは当然のように線路図のうえでは見えるけれど、では、単一路線の京阪電気鉄道はどうだろう。天満橋—寝屋川信号所間の一二キロが、ちゃんと複々線化されているではないか。

線路に関しては、近鉄名古屋線の改軌が念頭に浮かぶ。これは昭和三四年（一九五九）の伊勢湾台風の被害によって二か月間も運休になったのを機に、一〇六七ミリから一四三五ミリに改軌したもので、これにより輸送力は増強され、大阪線や山田線との直通運転が可能になった。佐伯勇社長の英断によるというが、まさに禍《わざわい》を転じて福となす、である。

このほか近鉄では、志摩線の改軌と鳥羽線の建設、伊勢中川と大和八木における直通用連絡線の新設、さらには上本町―難波間の地下線の建設などが積極的に行なわれた。

こうした輸送力増強に対する姿勢は、関東の私鉄経営者の及ぶところではない。関東においては、沿線の宅地造成と不動産業による利潤、あるいはターミナル＝デパートの建設などは小林一三に学んでも、肝心の線路のほうは、ぎりぎり最低限のことしかやらない。むしろ線路の増設については、採算を度外視することのできた国鉄が積極的に行なってきたというのが、関東の実情であろう。

関西の私鉄のサービスが関東よりすぐれているのは、関東においては競合路線が少なく、独占の上に安住できるのに対し、関西の場合は二本ないし三本の国鉄、私鉄が並行して走り、たがいに競走し合っているからだとされる。

たしかに、そうした事情が基本にあるのだろうが、それだけでは解釈しきれない何かがあるように私には思われる。

それが何であるのかは判然としないのだが、たとえば、京阪電鉄のサービスぶりというか、くふうというか、それを見ていると、人間とはずいぶんきめのこまかいことのできる動物なんだなあ、という感慨さえ覚えてしまうのである。

それを見るには京都の三条駅に朝のラッシュ時に一時間ぐらい佇《たたず》んでいるのがよいと思

う。

鴨川と川端通りにはさまれて構内の拡張もままならぬ狭いホームに、次から次へと電車が入ってくる。特急にはテレビがそなえられ、座席もクロスシートである。テレビなどうでもいいが、電車が着くと両側の扉が開き、客が乗りおりする、と同時に、東側の扉から入って西側の扉へ抜け、向こうのホームに移る人も多い。跨線橋《こせんきょう》や地下道を設けず、その役目を電車が果たしているのである。

近ごろの駅は、橋上駅ばかりだ。用地難と省力化がそうさせるのだろうが、客にとっては階段ののぼりおりのやっかいがある。安全性の問題もあるだろう。しかし、京阪の三条は立体化を拒否し、電車を跨線橋や地下道のかわりにしているのである。

ここまでは、それほど感心しなくてもよいかもしれない。東京と関西の人との、ものの考え方の違いぐらいを嚙《か》みしめていればよいのだろう。

そこへ五〇〇〇系という扉が五つもある電車が入ってくる。扉だらけのような電車である。扉がたくさんあるのはラッシュ時の乗降を迅速にするためであるが、ラッシュが終わると、五つの扉のうち開閉するのは三つだけとなり、ほかの二つの扉の部分は天井から椅子がおりてきて座席になる。京都千年の歴史をたたえて流れる鴨川と、京阪電鉄の小まめな働きぶりとの対比はおもしろく、たのしくも忙しい駅である。

忙しいといえば、その最たるものは名古屋鉄道の新名古屋駅であろう。国鉄名古屋駅のすぐ東に接しているが、地下に設けられているためか、大手私鉄中の大手の中心駅であるにもかかわらず、線路は二本しかない。

つぎつぎに電車が入ってくる。指定料金を要する特急をはじめ、高速、急行、準急、各駅停車など、発駅、行く先も種々雑多である。乗降客が多いので停車時間もながい。二本の線路では、とうていさばききれそうにないほどだが、ホームを二つに区切り、二本の列車を停車させるなどしてみごとに処理している。一般に西日本の私鉄は対応のしかたが柔軟であり、個性的だ。関東の私鉄には公共事業臭が漂うが、こちらは商売意識が強く感じられる。

東京の近郊私鉄のほとんどが国鉄山手線に依存し密着してターミナルを構えたのに対し、関西の私鉄のターミナルは、がいして国鉄と無関係なところにある。これは東京と関西にかぎらず、東日本と西日本の私鉄の一つの顕著な相違である。各社それぞれに歴史的事情もあるわけだが、それが独立心を育て、個性発揮へとつながっているのかもしれない。

ローカル私鉄も西日本は個性に富んでいる。

まず京都府の加悦《かや》鉄道。加悦駅構内の小さくて清潔で、そして質の高い「SL広場」は、鉄道ファンならずとも一見の価値がある。

兵庫県の別府《べふ》鉄道に乗ると、時が何十年も逆もどりしたような気分になる。国鉄高砂線との接続駅野口の佇いはどうだろう。これほど寂しい国鉄との接続駅はほかにないだろう。しかもオープン＝デッキつきの老朽客車などが走っている。ここに立つと、往年の「つばめ」や「富士」の展望車を思い出す。私が乗ったときは、車掌が「どうぞデッキに立ってみてください。展望車ですよ」といった。

隣の岡山県の吉井川に沿って走る同和鉱業片上《かたかみ》線にもオープン＝デッキつきの客車列車が一日一往復だけ運転されている。柵原《やなはら》6時55分発の「展望車」に乗り、駅長の挙手の礼を受けたときは晴れがましかった。

和歌山県の御坊臨港鉄道は買収した不動産会社の商魂によって「紀州鉄道」というりっぱな名称にかわったが、実態は寂れ果てた小私鉄で、距離もわずか三・四キロにすぎない。とくに末端の西御坊―日高川間は草むらのなかにレールが隠見して、廃線跡のように見える。終点の日高川の駅舎は廃屋に似て、これほど寂れた終着駅はほかにないのではないか。

児島半島の末端にある下津井電鉄も、たのしく、かつ、侘《わび》しい鉄道である。国鉄宇野線に接続していた茶屋町と児島の間が廃止され、下津井―児島間六・五キロのみの根なし草のようになっているが、七六二ミリのナロー＝ゲージの乗り心地はローカル小私鉄の極致である。しかも瀬戸内海を俯瞰《ふかん》して、すこぶる景色がよい。

旅客輸送をする七六二ミリ＝ゲージの鉄道としては黒部峡谷鉄道が有名だが、このほか近鉄のローカル線ともいうべき北勢線、八王子線、内部線《うつべせん》の三線がナロー＝ゲージで、いずれも三重県にある。北勢線には、まだ乗ったことがないが、幅の狭い車両の雰囲気は独特のものがあり、乗客が内輪同士のように見えてくる。

四国では伊予鉄道の運転ダイヤのみごとさが印象的だ。松山市駅には高浜線、横河原線、郡中線の三本の番線があるが、毎時00分には発車ベルが鳴り終わると三本の電車が同時にスタートする。息がそろっているので見ものである。さらに感心するのは単線区間での交換ぶりで、交換による時間のロスがほとんどなく、複線区間のようにすいすい走る。

伊予鉄道には、このほかに松山市内線が五路線もあり、松山市民が羨《うらや》ましくなる。このうち城北線は路地裏のようなところにしかれており、民家の台所などをのぞきながらチンチンと走ってみせる。

九州では、やはり日本最南端の私鉄の鹿児島交通であろう。この鉄道では昭和二七年製のディーゼルカー（キハ一〇〇形とキュニ一〇〇形）の二両連結に乗るとおもしろい。総括制御ができないため、後部の車両にも運転士が乗務し、ブザーで合図しながら力を合わせて運転するという、めずらしい光景に接することができる。それと、加世田駅の構内に放置された廃車たちの無残な姿も見落とせない。鉄道の墓場である。なお、沿線にはマムシがたくさんいるそうだから、写真撮影の際には注意が必要だ。

西日本の私鉄で特筆すべきは、路面電車の健在ぶりであろう。京都市が日本最古の市電を廃止したのは京都とは思われぬ愚挙であるが、豊橋、岐阜、岡山、広島、松山、高知、北九州、長崎、熊本、鹿児島に市電が残って気を吐いている。

路面電車には乗るのとは別のおもしろさもある。車体が広告の媒体でもあるからだ。いっさいの広告を排してすっきりしているのもあるが、なかには恥も外聞もないほど広告だらけで、広告が走っているようなのもある。土佐電気鉄道では、何の広告であったか忘れたが、扉が開くと男女がキスするしかけになったのがあり、びっくりした。

この土佐電のうち桟橋線の終点桟橋通五丁目は、おかしな駅だ。一つ手前の岸壁通という停留場と一〇メートルぐらいしか離れていないのである。実質的には岸壁通が終点で、打返しのための引込線がちょっと延びているようなものなのだが、れっきとした停留場であり、駅名標もある。これほど短い駅間距離はほかにないだろう。

鹿児島市交通局の市電は、桜島の灰が降ってくると昼間でも前照灯をともすという。一度、そんな場面に出会いたいと思っているが、まだ機会にめぐまれない。

最後に新交通システムにふれておかなければならない。神戸新交通のポートライナーは、開業当初は前部に添乗員が乗務していたそうであるが、つい先日私が乗ったときは、まったく無人であった。「未来の鉄道」といわれていたものが、いよいよ現実になったのかと感動した。

大阪市交通局のニュートラムでは、添乗員が運転士然として乗っていた。「なにもしない運転士」には、無人とはひと味違う不気味さがあった。

駅は見ている

名古屋駅

これから毎月一回、駅のルポルタージュを書きます。第一回は名古屋駅です。

けれども、駅は汽車や電車に乗るために利用する場所であって、見物したり探訪したりするところではない。

だから、駅へいって、列車に乗らずに立って見ているのは不自然である。不自然なだけでなく、列車に乗ってたのしそうに（と私には見える）出発していく人たちを、指をくわえて眺めているのはたのしくない。駅で人を見送るのは、つまらないし、寂しい。「入場券」を手にすると虚無感に襲われる。

そんなとき、駅は人生の舞台なんだな、とも思う。そして、駅が、ゆき交う人の人生とながれいく時代を見つめているように感じることもある。

それは「駅」が文字どおり、馬の乗り継ぎ場所として定められた古代律令制の時代からかわらないのではないか。

菅原道真（八四五―九〇三）が讒言《ざんげん》によって失脚し、都から太宰府へと向かう途中、明石の駅（うまや）で一夜を明かす話が『大鏡』の「左大臣時平」の条に出てくる。おどろき悲しむうまやのおさ（駅長）に向かって道真はいう。有名な一節である。

「駅長驚クコトナカレ時ノ変改ヲ　一栄一落コレ春秋」

私たちは駅を利用する。駅はものいわぬ舞台となりつつ私たちを見ている。その駅を私は見たいと思う。見るか見られるか、どうなるか、そんなルポになるだろう。

一月一二日（昭和五八年）、水曜日。私たち、つまりカメラの萩沢康夫さんと編集部の高橋通さんとの一行三人を乗せた「ひかり155号」は、定刻16時25分、名古屋駅の17番線に到着した。

私たちが乗ってきたのは普通車指定席の一〇号車であった。すぐうしろがグリーン車なので、このあたりの車両からおりると新婚旅行の見送り人の渦のなかに巻き込まれることがある。とくに名古屋駅では、しばしばそうなる。が、きょうはシーズン＝オフのせいか日がわるいのか、一組もなく、

「テープを投げたり、コメットを発射したりしないでください」

との貼り紙が手持ち無沙汰に見えた。

階段をおりて「中央コンコース」を歩く。このコンコースは、各ホームの下を横につら

ぬいているので「通路」のようだが、あくまでもコンコースで、入場券を買わずに通り抜けることができる。親切な設計である。けれども、二列に並んだ柱は太く、かつ間隔が狭い。昭和一二年（一九三七）二月の竣工で、よくいえば重厚だが、なんとなく重っ苦しい。

このコンコースを通って東側の中央口へ抜け、名鉄、近鉄、地下鉄へと乗り換えるのは通り慣れた道であるが、きょうは駅のルポだから、きょろきょろしながら歩く。

すると、出口の手前の右手の壁に、狭い通用口があり、「名古屋鉄道管理局中門」と墨で書かれた古びた木札がさがっているのに気がついた。

名古屋駅の建物は五階建て（中央部は六階まである）で、幅も駅前広場の南北一辺を占めるほど広い。正面から仰ぐと、県庁かと見紛《みまご》うほどの大きな建物で、各階の窓々には事務をとっている人たちの姿や積み上げられた書類の山が見える。

その大きな建物の屋上に「名古屋駅」のネオンが二つも載っているので、名古屋駅を管理運営するにはこんなにたくさんの事務室と人を必要とするのか、これでは国鉄が大赤字を計上するのは当然だと早合点する人もあるだろう。しかし、これは名古屋駅ではなくて名古屋鉄道管理局なのである。管理局内には操車場、電車区、保線区、電力区などなど二九もの現業機関があり、「駅」はその一つにすぎない。しかも名古屋管理局の管内には信号場までふくめると駅が一九一もあるそうだから、組織図的には微々たる存在ということになる。

それは知っていたけれど、管理局の「中門」があるのに気づいたのは、はじめてであった。

もっとも、門ではなくて、ただの扉である。その「中門」を入って三階に上がり、広報課に挨拶《あいさつ》してから一階の「駅長事務室」を訪れる。

駅長事務室といっても、金筋二本の駅長が一人すわって事務をとっているわけではなく、内勤助役たちを中心とするスタッフが忙しく立ち働いているところである。ここは、いわば情報センター兼指令室で、駅内の情報はすべてここに集まり、ここから各関係部署へ伝達される。

テレビに新幹線の運転状況が映し出されている。それによると、私たちが乗ってきた「ひかり155号」は定時運転だったが、その二本あとの列車からおくれが出ているようで、各列車ごとの「オクレ」の欄に「19」「23」「8」という数字が並んでいる。二三分おくれの列車の次に八分おくれがつづくとなると、あとの列車のほうが先に到着するのだろうか。

一人の内勤助役がテレビをにらみながらダイヤルをまわしては早口で叫び、またダイヤルをまわす。

そういう重要で忙しい部署であるが、雑用も引き受けるらしく、駅のデザインを研究したいのだと入ってきた男女の二人連れを若い職員が迷惑がる風もなく応対し、片すみのソファーでは駅弁屋さんと年輩の職員が売上表を間において向き合っている。私たちの来訪も雑用の一つであろう。

私たちが紹介されたのは内勤助役の一人の小林正忠さんであった。

名古屋駅についてお尋ねしたいことがあるのですが、と私がいうと、小林さんは愛想よく、どうぞ、とソファーをさしてくれる。

「名古屋駅の職員の総数は何人ですか」

「それが、ご承知のように人員削減の最中で流動的でして、約八〇〇人としか申し上げられませんが」

「助役さんの数は？」

「六五人です」

「東京駅よりも多いんですね」

「ええ、こちらは現業部門の数が多いものですから」

そのとき、電話を受けていた一人の職員が、

「中央線の523、まだ発車しとらんで！」

と叫ぶ。小林さんは跳ねるように席を立って電話にとりつく。『時刻表』を見ると、５２３Ｄは16時44分発となっている。時刻はすでに一六時五三分である。

「送電故障」「発車見込不明」「そないいうたって、いま調査中や」「７５３は８番線に変更」……。だんだん小林さんの声が高くなってくる。あいにくのときに訪れたようであり、いい機会にめぐり合ったようでもあり、私たちは顔を見合わせながら聞き耳を立てている。

中央線５２３Ｄの故障はたいしたことはなかったようで、一五分もすると小林さんがもどってきた。

「どうも、みっともないところをお目にかけまして」

「お忙しいところをすみません」

ちょうどいい機会でおもしろかったとはいえないし、事故とはいえ、活気ある電話の応対をしたばかりの人に向かって、通りいっぺんの質問をする気もしなくなった。それで、二、三尋ねただけで退散することにした。

「名古屋の駅員は、どうもことばづかいが荒っぽいですね」

「それをよくいわれるのですが、この駅にながくいるものですから、自分ではわからんのです。しかし、そういうことではいかんと心がけてはおります」

「乗客に対する注文はありませんか」

「やはり新婚旅行の見送りですね。テープやコメットが架線にからむと停電しますんでね。名古屋は結婚祝いを派手にやる土地柄ですけど、あれはやめてほしいです」

駅長事務室を辞したのが午後五時二〇分。ちょうど夕方のラッシュ時にかかった時刻だが中央コンコースは雑踏していない。東京駅の昼間の閑散時ぐらいの人通りで、むしろ、あちこちに二人三人とたむろした目つきのわるい兄さんたちが目につく。

中央コンコースのなかほどに北へ延びる細い通路があって、両側に土産物店が並び、突きあたりの階段をおりたところに浴場がある。大人三四〇円、石鹸《せっけん》一〇円、営業時間は六時から二二時まで。古い建物の奥まった一段低い場所にあるので、うら寂れ、同じ名古屋駅でも新幹線口付近とは雰囲気が違う。

場合によってはひと風呂《ふろ》浴びようかと思ってやってきたのだが、気が進まなくなり、下足のおばさんに「一日に何人ぐらい利用者があるの？」などと尋ねていると、浴室から酒くさい中年男が現われ、おばさんにあずけてあった五合瓶を受けとると、階段にすわってラッパ飲みをはじめた。

風呂に入るのはやめて、入場券を買い、中央本線の列車が発着する8番線に上がる。ホームの照明が大都市の中心駅にしては暗い。午後六時のラッシュ時というのにホームににぎわいはなく、夜更けのようだ。「国電」がないからでもあろう。中央本線のダイヤの乱れは、すでに回復していて、18時02分の中津川行が定刻に発車していった。通路に立つ人はごくわずかであった。

8番線から南通路へおりて、「西改札口」へいってみる。この改札口の業務は日本交通観光という会社に外部委託していると聞いていたからであった。

「西改札口」は名古屋駅のなかでは、もっとも小規模な改札口で、国鉄のよりもやや明るい紺の制服を着た初老の人が、ガラス張りの狭いボックスのなかにぽつんとすわっていた。

「国鉄を退職してから日交観におつとめになったのですか」と私は尋ねてみた。

「はい、さようです」

その人は、明るく、そしてきちょうめんそうな声で答えてくれた。

それにしても国鉄名古屋駅は静かだ。にぎわっているのは新幹線口だけで、この南通路など人がぱらぱらとしか歩いていない。とても午後六時とは思えない。

こうなると、名鉄の新名古屋駅へいってみたくなる。国鉄名古屋駅の乗降客数が一日平均一八万人であるのに対し、あちらは四〇万人、しかも、国鉄駅が八面のホームと一五本の乗降用線を有するのに対し、あちらはホームが三面、線路にいたっては二本しかない。そういう悪条件下で国鉄の二倍以上の客を乗りおりさせているのである。客扱いの密度からすると、国鉄の一〇倍ぐらいになるだろう。

名鉄新名古屋駅のホームは、国鉄駅の東南に接した地下二階にある。

私たちは、わずか二、三分で静から動の世界へと移行した。滝のように階段をおりてくる群衆と踵《きびす》を接して入線してくる電車……。

けれども、ふつうのやり方では三面二線で大量の客をさばききれるものではない。だから、行き先や種別によって電車の停車位置をずらすなどのくふうを凝らし、乗客もそれに対応してさまざまな列をつくって、どうにかというか、みごとにというか、とにかく混乱をのりきっている。

その詳細を記す余裕はないが、私たちは、すっかり感心してしまった。高橋さんのごときは、ながい間、口をあけて眺めたあげく、「私には、この駅から電車に乗る自信はありません」といったほどである。どちらの駅がよいかは、わからない。広々として客も列車本数も少ない国鉄名古屋駅に駅らしさを感じる人もいるだろう。私など、そのほうだが、そんなことはどうでもよい。確かなのは、地上であくびをしている名古屋駅と地下で血眼になっている新名古屋駅とでは、おたがいに相手の姿を見ることができないという点だろう。

午後一一時三〇分の名古屋駅。

すでに新幹線、関西本線、中央本線の運転は終わっている。残るは東海道本線の下り五本と上り一本だけになった。このうち、0時08分の大垣行を除くと、あとの五本は夜行列車である。夜行列車の多くは名古屋を深夜か早朝に通るので利用客は少ない。広い中央コンコースは閑散とし、ホームレスたちが切符売場のあたりに寝そべっている。

西口、つまり新幹線口のシャッターがおろされ、ついで南口、北口が閉ざされる。公安職員が西と南と北から網の目をしぼるようにしてホームレスの追い出しにかかる。終電車に乗りおくれた酔っぱらいも追い出される。これは元気がよいので公安職員にからんでいる。

市中をさまよっていた私たちが名古屋駅へ舞いもどってきたのは、その時刻であった。もちろん気紛れでやってきたのではない。名古屋駅の一日の終わりを見届けるのは予定の行動であった。

たちまち公安職員が私たちをとり囲んだ。

「あなたたち、出ていってください」

「出ていけとはなんですか、駅に用があってきたんですよ」

ひと悶着《もんちゃく》あってから自動券売機で入場券を買い、東海道本線のホームへ上がる。

23時43分、寝台特急の「あさかぜ1号」博多行が到着し、給水を受けて発車する。給水するのは年老いた作業員である。尋ねてみると、やはり「委託」とのことであった。ついで「あさかぜ3号」下関行が着き、同じようにして発車していく。そして0時05分発の宇野行「瀬戸」。その間に名古屋始発の高山本線経由金沢行急行「のりくら9号」も発車した。

0時08分発の大垣行は、一人の酔っぱらいが乗るがごとく乗らないがごとくホームをうろうろしたために発車が二分おくれたが、件《くだん》の酔っぱらいは乗せずに出ていった。

さて、寝台特急「紀伊・出雲2号」東京行の一本だけになった。これが名古屋の最終列車である。

この列車は、紀伊勝浦からの「紀伊」と出雲市からの「出雲2号」とが名古屋で併結されて一本になるのだが、昭和五七年（一九八二）三月一五日、機関士が酔っぱらって併結作業中に追突事故を起こし、タルみ国鉄の象徴的事件として大きな話題になった。もとより私たちは「紀伊」と「出雲2号」の併結作業を見るつもりである。

けれども、「出雲2号」の到着は0時42分、「紀伊」は0時43分で、まだ時間がある。

大垣行が発車したあとのホームには、もはや、一人の客もいない。いるのは私たち三人だけである。公安職員たちが、また私たちのまわりに集まってきた。

新宿駅

国鉄新宿駅は、日本でいちばん利用客の多い駅である。

昭和五八年五月末日現在の「乗客」は、一日平均六一万五〇〇〇人で、第二位の池袋（四五万人）や第三位の渋谷（三四万人）を大きく引き離している。「乗客」とは改札口を通って入ってくる客のことであるから、「乗降客」となると、その二倍の一二三万人、さらに改札口を通らない乗り換え客が約四〇万人で、それが行き帰りで二回乗り換えるとして延べ八〇万人、合計二〇〇万もの人が毎日、新宿駅を利用していることになる。

私鉄の駅で利用客が多いのは、阪急の梅田、南海の難波、東武の北千住、東京の地下鉄の銀座などであろうが、いずれも一〇〇万人に達しない。モスクワの地下鉄の革命広場駅あたりの数字と比較できればと思うが、おそらく新宿が世界一であろう。

私はながく東京の西部に住み、中央線の沿線に下宿したこともあって、なにかと新宿駅に接してきた。そして、この駅で乗降するとき、自分の肉体が、たんなる「固体」、ときには「流体」になることを実感してきた。

そうした物理的な混雑もあって、新宿駅で乗降、あるいは乗り換える客の精神状態、とくに夜のそれは芳《かんば》しいものではない。

たとえば、都心の会社や官庁に勤めている人が、勤めが終わって憂さ晴らしに近くで飲む。それでも晴れずに、途中駅の新宿で飲む。酔って夜が更けて財布が軽くなって新宿駅の改札口を通る。これから混んだ電車の吊革《つりかわ》につかまって三〇分ないし一時間も揺られなければならない……。八つ当たりしたい気分だ。その相手は手近な改札係や乗客係となる。

これは一例である。

今回は、そうした新宿駅における「乗客vs駅員」に焦点をしぼってみることにした。

六月三〇日（昭和五八年）、木曜日、一三時三〇分、ルポに先立って駅長室を訪れる。

「ええ、当駅はもう社会の縮図と申しますか、先端をいくと申しますか、お客さまも現代っ子の方々が多いようで、なにかといろいろございます」

と、大槻昭男駅長はいう。

翻訳すれば、いやもう、ひどい客が多くて、たいへんなんですよ、となるのではないかと思うけれど、立場上、そんないい方はできないのだろうとお察しする。

その大槻駅長によると、新宿駅には一日五回のラッシュ時があるという。
一　四時～五時の始発電車時。終電に乗り遅れた客、終夜営業の歌舞伎町で飲みあかした客、オールナイトの映画館から出てきた若者、終電発車後に構内から追い出されたホームレスなどが、シャッターの外に待機していて、午前四時の開門を待って、いっせいに入ってくる。冬はシャッターの外で焚火《たきび》をしたりするので目が離せない。
二　八時～九時。通勤ラッシュ。
三　一〇時～一一時。デパートへ向から奥さんたちが続々とおりてくる。
四　一八時～一九時。退勤ラッシュ。東京駅にくらべると三〇分ほどずれている。
五　二一時～終電時。いうまでもなく、この時間帯に問題が多い。
このほか、山手線は一日じゅうラッシュといってよいほど混んでいる。収支係数日本一の山手線のうちでも、いちばん乗車率が高いのは新宿―高田馬場間である。

この新宿駅の多忙さを象徴するのは改札係のハサミであろう。改札助役の山口庄次さんによると、一人の改札係が一日にパンチを入れる回数はじつに三万回に達するという。三万回といわれても実感が湧かないが、ハサミが五日で使いものにならなくなるそうだ。

「改札係は、しょっちゅうハサミをパチパチ鳴らしていますでしょう。ああやって絶えずリズムをとっているから三万回も切れるのです」

定期券の客については、

「券面をいちいち見ていたら、とても目がもちません。かえって見まちがいをしてトラブルのもとになります。やはり勘ですな。不正乗車のお客さんは顔にあらわれています。ですから、こちらが手を出すと、パッと足がとまります、ヘラブナ釣りの浮きみたいに。ところが、期限切れの定期券を知らずに使っているようなお客さんの場合は顔にあらわれません。これは発見しにくいです。たまに気がついて手を出しても、足がとまりませんね」

と山口さんはいった。

忙しければ愛想がなくなる。改札係は案内係や苦情処理係ではない、という気持ちもあるだろう。話しかけられても最小限の応対になる。やむをえないことだが、客の側からすれば、ゾンザイな口のきき方として映る。夕方のラッシュ時の客は腹がすいて機嫌がわるい。たちまち、なんだその口のきき方は、と喧嘩《けんか》になる。夜になれば酔客の時間帯だから、なおさらである。

いったん退散した客が、腹の虫がおさまらずに引き返してくる。改札係のほうはパンチを入れるのに夢中で無防備だ。しかも、狭い枡《ます》のなかにいるので自由がきかない。そこをエイッと小突かれたり、殴られたりする。ムチ打ち症になった改札係もいるという。

「改札係は無粋な仕事ですよ」

と、山口さんは苦笑する。というのは、改札口は別れの場であって、男と女が手を振り合う。なかには改札口をふさいでキスしたりするのもいる。改札係は二人の間に手を突っこんで引き分けねばならない。

「乗客係もそうですよ」

と、こんどは乗客助役の伯耆田《ほうきだ》幸夫さんが言う。乗客係はホームに立って、ドアの開閉の確認や挟まれた乗客の救出など、乗客の誘導が職務である。

「近ごろは、酒を飲む女の人がふえましたでしょう。酔っぱらって服を脱ぎはじめる客がいるんです。ホームに仰向けになって下着までですよ。男の客たちは喜んで寄ってくる。こちらは女の客の手をおさえて脱がすまいとします。男の客たちは、余計なことするな、好きなようにさせろ、というわけです。まったくイヤになりますよ」

乗客係を悩ますものにホームレスがいる。不景気の影響であろうか、その数は目立って増加し、新宿駅および周辺に住みついたホームレスは一五〇人もいるという。

大都市の駅がホームレスのねぐらになりやすい条件を備えていることは説明するまでもないが、新宿駅の場合は自動券売機が一一二台もあって、そのあたりに一〇円玉がころがっている。券売機の受け皿を探れば一枚残っていることもある。酔客の時間になると、その数がふえる。それが彼らの小遣いになる。

ホームレスたちは酒飲みが多い。昼から赤い顔をしている。一〇円玉を拾うぐらいで酒など買えそうにないが、歌舞伎町で仕入れてくるのだそうだ。歌舞伎町の裏通りへ行けば空の酒壜《さけびん》がいくらでもある。空でも底には数滴残っている。それを丹念に集め、角壜を満タンにして駅へ戻ってくるのだという。食べものの入手は、もっと容易だろう。

もちろんホームレスは区の施設へ引きとってもらうようにしている。けれども、すぐ抜け出して駅に戻ってくる。駅のほうが住み心地がよいのだそうだ。

住みついているので駅員と顔なじみになる。巡回していると挨拶《あいさつ》される。

「月光仮面という女のホームレスがいましてね。これがなかなか整った顔をしているんですよ」

「しかし、このごろは見かけませんよ」

「いや、まだいるだろう」

「もうだいぶまえからいませんよ。八王子へ移ったとか聞きましたが」

「そうか。いなくなったのか」

と山口さんと伯耆田さんが、やり合っている。情が移っているようにお見受けした。

「客」のなかで悪質なのはスリと痴漢である。これは新宿中央鉄道公安室が担当する。公安職員数は六四人で、そのうち私服が九人、担当区域は中央線の御茶ノ水―西荻窪間と山手線の五反田―目白間である。

公安室は南口の駅舎の二階にあり、三九畳敷の武道場もある。ここで柔道、剣道、逮捕術の技を磨き、拳銃《けんじゅう》の空射ちをする。室員のほとんどが有段者、有級者である。

室長の長塚育次さんにお会いする。

さっそくスリと痴漢について訊《たず》ねかけると、

「そのほかにも、いろいろ仕事がありましてね」

と長塚さんは苦笑してから、公安室の職務を列挙した。

一　線路の巡回。鉄道妨害の発見のためで、深夜になると線路上に自転車の落ちていることが多いという。放置された自転車を酔っぱらいが陸橋や切通しの上から投げこむのである。発生件数が多いのは東中野で、ここは切通しの上に陸橋が架かっている。

二　各駅の巡回。改札係、乗客係などから要請があれば出動する。酔漢の喧嘩の仲裁など。

三　病人の手当。朝のラッシュ時に貧血で倒れる女性客が多い。生理時に朝食を抜くと貧血を起こしやすい由。
四　電車の警乗。
五　終電後の客やホームレスの排除（通称「追い出し」）。トイレのなかに隠れるのがいるので、全部あけて調べる。
スリについては捜査課長の土屋真次さんから話をうかがう。Tシャツ姿の私服で、精悍《せいかん》なからだつきの人である。

土屋さんによる注意事項を紹介しておこう。

女性の場合はショルダー＝バッグが好餌になりやすい。ハンドバッグに比して吊紐《つりひも》が長いのでからだから離れるし、バッグの位置が腰のあたりなので、スリにとって仕事がしやすい。

男性は尻《しり》ポケット。夏は脱いで腕にかかえた上着ポケット。

それから、満員電車への「ノッコミ」（乗りこみ）の際も要注意。

スリは刑事犯だが、痴漢は都条例の五条一項「公衆の面前で婦女子に……」が適用される。痴漢については届け出が少なく、行為の有無の判断も微妙なので、捕まえにくい。女性が勇気を出して大声で叫ぶこと、これが土屋さんの要望であった。

なお、スリも痴漢も中央線より山手線に多いという。中央線の場合、朝のラッシュの上りはギュウ詰めで身動きならず、手が動かせない。それに反して下りはガラ空きで、これまた仕事にならない。山手線ならば外回り内回りともに適度な混みぐあいで、往復とも仕事になる。しかも島式ホームの駅が多いので、いったりきたりするのに便利だ。土屋さんのことばを借りると「山手線は環境がいい」のだそうである。

公安室を辞したのは三時半であった。

その日は0時59分の終電まで駅にいた。

いろいろな話を聞いたあとなので、なにかに出会えるのではないかと期待していたが、さしたることはなかった。酔っぱらい同士の喧嘩を公安職員が仲裁するのを一件見ただけであった。

ただ、深夜まで若い女性の多いこと、その三分の一ぐらいが酒気を帯びているのに驚いた。時代か、新宿駅のゆえか。その両方だろうが、ストリップをはじめる女性はいなかった。「追い出し」も順調に終わった。

翌朝の始発ラッシュも、ラッシュというにしては閑散としていて、各電車とも座席に余裕があった。

8時00分、特急「あずさ3号」が1番線から発車する。これを駅長、公安室長、車掌区長の三人が揃って見送る。朝のセレモニー列車である。

公安室長の長塚さんに、きのうの夜は静かでしたが、いつもあんなものですか、と訊ねてみた。

「きのうは特別に静かでしたなあ。きょうは金曜日ですから、きのうみたいにはいかないでしょうが」

そのことばに誘われて、その夜も新宿駅に行った。

きのうよりは賑《にぎ》やかだった。しかし、驚くほどのことはなかったし、起こらなかった。期待はずれである。新宿駅にいると、価値観がおかしくなってくる。ホームレスの顔も何人か覚えた。

0時49分、中央線の武蔵小金井行が二〇〇パーセントぐらいの混雑度で発車していった。

0時57分、中央線の三鷹行と山手線の池袋行が同時に発車。三鷹行は吊革がふさがる程度で、武蔵小金井行の半数ぐらいしか乗っていなかった。池袋行は立っている客がいない。

0時59分、山手線内回りの品川行がガラ空きで発車。これが新宿駅の最終電車である。北口通路への階段を下りる。きのうは終電に乗り遅れた客が、この通路側では三、四人であったが、きょうは一〇人以上いる。女性も二人いた。

「本日の列車、電車の運転は、すべて終わりました。駅構内やホームでの初電車のお待ち合わせは、おことわりいたします」

場内放送が通路に響く。

追い出された客は、さすがにきのうより多く、東口と中央東口とを合わせると五〇人をこえたがトラブルはなかった。外のほうが爽《さわ》やかで、しかも歌舞伎町の灯が乗り遅れ客を歓迎するかのように、またたいている。

駅の扉がロックされ、構内が減灯された。

新宿駅の一日は終わった。しかし、駅の眠りは、わずか二時間半である。

天王寺駅

大阪の繁華街は「キタ」と「ミナミ」に分かれている。

この二つの違いを、ひと言でいえば、「キタ」は大阪の表の顔であり、「ミナミ」は、その反対で、飾りけのない不断着姿の大阪とされる。これは、繁華街ばかりでなく、大阪の北側と南側とでは、駅も沿線も住宅地も、体臭を異にしている。

国鉄の駅でいうと、前者を代表するのは大阪駅である。これに対し、後者の要《かなめ》をなすのは天王寺駅。乗降客は一日平均三四万人で、乗換え客をふくめると五二万人に達する。大阪駅にはおよばないが、全国でもベスト＝テンに入る交通量の多い駅である。

この駅を探訪するのに好都合な宿泊所がある。駅ビルの一角を占める天王寺都ホテルである。七月一九日（昭和五八年）、火曜日の夕方、そこに投宿した。

まず、駅ビルの一階を南北に貫く中央コンコースを歩く。

広告が非常に多い。壁のポスターだけではない。天井から吊り下げられたもの、床の上に据えられたもの。形も色も雑多で、熊野市の花火大会で打ち上げられる三尺玉の雛型《ひながた》も飾ってある。そのほとんどは国鉄の広告で、南紀への観光旅行を誘致している。気どらずに、ひたすら商売に専念している、といった感じだ。

中央コンコースの見ものは、みどりの窓口の上の壁面にかかげられた「熊野詣絵巻」の綴織《つづれおり》だろう。故鍋井克之画伯の原画を縦二・五メートル、幅四五メートルに織り上げた巨大で豪華な絵巻である。環境がすっきりしていれば、もっと目立つにちがいないと惜しい気もするが、それにこだわらないところが「ミナミ」の駅、天王寺らしいのかもしれない。ちょうど夕方のラッシュ時で、コンコースは地下鉄から国電に乗り換える人たちで雑踏していた。

家路に急ぐ人たちの速いながれからはずれて、券売機のあたりをうつ向きかげんにノロノロと歩いている人物がいる。受け皿からこぼれ落ちた釣銭を探す拾い屋である。

改札口を通って、左手の阪和線のホームに出る。

天王寺駅のホームは高架と地平とに分かれていて、阪和線用（1—9番線）は高架、大阪環状線用（11—14番線）、関西本線用（15—18番線）、南海電気鉄道天王寺支線用（19、20番線）は地平にある。

このうち、高架にある阪和線用の線路は行き止まり、つまり頭端《とうたん》式になっていて、私鉄のターミナルのようだ。それもそのはずで、これは私鉄の阪和電鉄の駅だったのである。阪和電鉄は栄光の私鉄で、戦前には天王寺—東和歌山（現在の和歌山）間の六一・三キロを、四五分で結ぶ特急を走らせていた。これは当時、国鉄の超特急「つばめ」をも凌《しの》いだ。

しかし、昭和一五年（一九四〇）に南海鉄道（現在の南海電気鉄道）に合併され、さらに同一九年に国鉄に買収されてからは、いまひとつぱっとしない。

国鉄が継子《ままこ》扱いをしたわけではないだろうが、阪和線の電車は他の幹線で用済みになった中古車両ばかりが使われてきた。しかも六両という短い編成である。唯一の例外は紀勢本線へ乗り入れる特急「くろしお」の振子電車だけだと、沿線の住民はひがんでいる。なにかにつけて南側はあと回しにされ、都市の再開発もおくれているのだ。

けれども、阪和線の沿線の人口増加は激しい。これも北側にくらべて沿線の宅地開発がおくれていたという事情によるのだが、現状の阪和線では運びきれなくなってきた。朝のラッシュ時には乗りおりに手間どり、上り電車は軒なみ数分おくれるようになった。とくに四月はおくれがひどい。満員電車に不慣れな新入生のせいだという。

それで、阪和線のラッシュ時の編成を六両から八両に増強するためのホーム延長工事が一〇月一日完成を目ざして行なわれており、「阪八工事」と呼ばれている。昭和三七年に現在の駅ビルが建設されて以後は、あまりかえりみられることのなかった天王寺駅にも、ようやく手が加えられることになったわけである。

乗降客の多い阪和線のホームは、ひときわ活気がある。

このホームの名物は「天王寺うどん」の屋台で、つねに人だかりがしている。汁の味付けには化学調味料を用いず、鰹節《かつおぶし》と昆布だけと聞いていたので試食した。かけうどん一六〇円。たしかにうまい。これではやるはずで、一日平均二二〇〇杯も売れるという。


午後七時半、カメラの斎藤義宣さんが京都から来てくださる。斎藤さんは鉄道写真家としても知られるが、本職は鉄道公安職員で、現在は京都に勤務している。

柔道三段、がっしりした体格の斎藤さんといっしょに駅ビルの二階にある天王寺鉄道公安室を訪ねる。

突然入ってきた私たちを見る公安職員たちの目つきの険しいこと！　私は東京駅と新宿駅の公安室を訪れたことがあるが、この天王寺の公安職員たちの人相や目つきは、はるかに険しい。さすがに天王寺だと思う。

スリ、タカリ、痴漢などの出没頻度が高いのは大阪環状線だという。東京の山手線とおなじように、どちらの方向に乗っても、つねに適度に混雑しているからであろう。

そして、夜が更けてくると、天王寺駅は「介抱盗」の絶好の仕事場になる。

それには、大阪環状線の電車のうち、ほぼ三本に一本が天王寺止まりで折り返す、という事情がある。

天王寺止まりの電車に酔客が眠りこけている。おっさん終点だよ、と揺り起こす、あるいは介抱する風を装う、そして財布を抜きとる。これが介抱盗である。天王寺駅の周辺には飲み屋が集まっているので、ホームのベンチに酔いつぶれる客も多い。

介抱盗を見たいものだと12番線で待機する。

22時17分。天王寺止まりの外回りの電車が入ってきた。酔ってロングシートに横たわっている客はいない。22時36分につぎの電車が入ってきた。が、これにもカモはいない。

「きょうは一九日ですね。月給日まえで酒を飲む金がないのかな。さっぱり酔っぱらいがいませんね」

と斎藤さん。

「二五日に来ればよかったかな」

と私。

そのとき、

「います、います」

と斎藤さんが、ささやいた。その視線はホームのベンチに注がれている。

見ると、年輩のおじさんが眠り込んでおり、そのあたりを黒シャツ、白シャツの二人組が、さりげなく徘徊《はいかい》している。二人で組になり、一人は見張り役というのが多いという。なるほど、弟分らしい白シャツが、周囲を見まわしている。

「そしらぬ風で近づいてみましょう」

斎藤さんの指示に従って接近する。しかし、「そしらぬ風」というのも技術のいるもので、プロの斎藤さんは堂に入ったものだが、私のほうは下手でぎごちない。つい視線を合わしてしまう。相手も気配を察したらしく、やがて消えてしまった。

翌二〇日の午前四時、フロント係を起こして事情を話し、一階のドアを開けてもらう。こんな時間に起きねばならぬとは駅のルポルタージュも楽ではないが、それにつき合わされるフロント係も気の毒ではある。

未明の駅ビル前に出ると、タクシー乗場に向かって張り出した軒下にホームレスの群れが黒々と横たわっている。五〇人はいるだろう。その数の多さに、ギョッとする。なかには、むっくりと起き上がって私の方へ歩みかけるのもいる。気味が悪いのでホテルへ引き返そうとしたが、すでに入口のドアは内側からロックされており、私を送り出したフロント係の姿もない。しかたがないので、ドアのかげに身を潜める。

午前四時一五分、駅ビルの管理人と制服姿の公安職員たちが内側から現われ、シャッターを開く。初電は4時48分発の大阪環状線外回りである。

ホームレスたちがコンコースに入ってくる。目ざすのはトイレである。

二人で組になった公安職員が巡回する。裸になって体を洗う者がいる。トイレの正規の使用法ではないので、注意され、追い出される。

女性用のトイレに入るのもいる。もちろん追い出される。ホームレスたちは、がいしておとなしいが、なかには公安職員にからみ、大声でわめく者もいる。

地平の14番線から4時48分発の外回りの初電が一両に一人、二人を乗せて発車していく。ついで4時50分には内回りの初電が発車。そのどれにも乗らぬ私を助役が怪訝《けげん》そうに見ている。

4時58分、高架の9番線に紀勢本線からの夜行列車「はやたま号」が到着した。電気機関車を先頭にB寝台二両、座席車四両、小荷物と郵便の合造車《ごうぞうしゃ》一両という編成の客車列車である。私鉄時代の面影を残す頭端式ホームに古色蒼然《そうぜん》たる客車列車が重々しく到着するさまは、見ごたえがある。早起きの功徳であろうか。

午前六時、その9番線に「天王寺うどん」が開店し、威勢よく湯気を上げはじめた。

七時、七時半。ラッシュになると、「天王寺うどん」の周辺は、つねに平均三〇人ぐらいが、いっせいにうどんやソバをすするほどの盛況になる。

見事な流れ作業である。注文を受け、金を受け取る係、うどん玉を湯通しして丼《どんぶり》に盛る係、汁をかけ、薬味や天ぷらを盛る係の三人の手を経るのだが、その間一五秒とはかからない。これほど活発で活気のある立食いソバの店は見たことがない。

一日の乗降・乗り換え客のうち、その三〇パーセントが集中するという七時三〇分から八時三〇分までのラッシュを尻目《しりめ》に、特急「くろしお2号」が1番線から8時00分に発車していく。これを機に高架ホームの主役は通勤電車から華やかな特急電車へと移り、南紀へ向かう団体客や家族連れが目立ってきた。

午前一〇時、約束の時間がきて、駅長室に萩原治さんを訪ねる。明治二二年（一八八九）の開業以来、三四代目の駅長である。就任は昨年の三月で、

「私の家は祖父も父も国鉄に奉職いたしまして」

と、おじいさんが着用していた短剣を見せてくれる。往年の海軍提督用かと見まがう立派な短剣で、国鉄にもこんな時代があったのだなと思う。

時代も国鉄の立場もかわって、三代目の萩原駅長は商売に専念しておられる。

「売り上げを伸ばすには南紀方面へのお客さんを増やすほかありません。そのためには、みんなの知恵を集めて、なりふりかまわず実行するのみです」

春はコンコースに梅の木を飾り、夏はテントやサーフボード、秋はミカンの木と趣向をかえ、また、待ち合わせに便利なようにと、コンコースの北口に「金の輪」、南口に「銀の輪」を設置したのも萩原さんである。

「聖徳太子の『和を以《も》って貴しと為《な》す』の『和』を拝借して金の輪、銀の輪にしたのです。近くに聖徳太子が開かれた四天王寺がありますし」

と萩原さんは言う。

その四天王寺や住吉大社をはじめ天王寺駅の周辺には社寺が多く、寺だけでも駅勢区域内に二〇〇もある。

社寺に参拝参詣《さんけい》する老人の団体が多いのも天王寺駅の特徴で、

「入歯のお忘れ物が多いんですよ」

と、同席してくれた庶務助役の石井喬さんが苦笑する。

石井さんは、この三月まで案内係助役をつとめた人で、

「お客さまは、いろいろと仰有《おつしや》ってこられます。とくに運賃値上げがありますと多くなります。私どもといたしましては誠心誠意、お客さまのご不満や、ご苦情をうかがい、ご説

明申し上げるほかありません。二時間も三時間も一人のお客さまのお相手をすることもあります」

と、苦もなげに仰有る。よほど忍耐づよい人でないとつとまらない仕事だろう。

鉄道公安室の中尾和廣副室長も加わって、ホームレス対策の話になった。なにしろ天王寺駅の周辺には一五〇人もいて、その対策は、ひと仕事なのだ。

「メシの上の蠅ですな。追っ払えば地下鉄へいく。地下鉄が追えばこっちに来る。両方で追えば近所の商店や民家の軒下に入りこんで、こんどは住民から駅に苦情がくる」

と中尾さんは腕をこまぬいた。

「でも、ホームレスにもいろいろな人がいますね」

と萩原駅長が言う。

「つい先日も、ホームレスのなかに身なりのよいお年寄がいるのですよ。それで、どうしてこんなところにと尋ねると、息子の嫁と折り合いが悪くて、ここにいるほうが気楽だと仰有るわけです。これも時代なのでしょうか」

駅長室を辞して、トイレに入り、なにげなく、わが顔を見るとドス黒い。きのうの夕方から駅の構内をウロウロし、ちょっとゴロ寝をしただけで顔も洗わなかったからだが、他の駅で一日を過ごしたときよりも汚れがひどいようであった。

高松駅

一〇月二四日（昭和五八年）、月曜日、宇野発5時44分の宇高連絡船1便「阿波丸」。港も海も、まだ暗いが、乗船率はよく、普通船室が約四〇〇人、グリーン船室には約一〇〇人の婦人団体客がいる。東京からの四国連絡寝台特急「瀬戸」の客が大半である。出航してまもなく、東の海上から太陽が姿を現わした。黒いシルエットの島々が緑に変わる。紅や黄に色づいた木々もある。

宇高連絡船は何回乗っても楽しい。船旅は退屈なものだが、この航路の場合は島々の景色が目まぐるしく変わるうえに、所要時間は、わずか一時間である。退屈どころか、もうちょっと乗っていたいと思ううちに高松港に入ってしまう。

西側の舷側《げんそく》に立って、朝日に照らし出された塩飽《しあく》諸島の方角を眺めていると、遠い島影の間に白いビルのような建造物とクレーンが見える。工事中の瀬戸大橋の橋台にちがいない。

本州と四国を結ぶ三本の架橋工事のうち、この児島―坂出ルートが最優先となり、完成は昭和六三年の春予定とされている。予算も順調に計上されているので、大きく遅れることなく完成すると思われる。

橋は上段が道路、下段が鉄道（新幹線）用で設計されている。鉄道のほうは、国鉄監理委員会が当分見送れとの意見を提出しているので、はたして橋の完成と同時に列車が走るかどうかはわからない情勢だが、長大な吊橋《つりばし》を列車が走ると、どんなぐあいになるのか、乗ってみたいと思う。聞くところによると、もっとも径間の長い南備讃《びさん》瀬戸大橋（中央径間一一〇〇メートル）を新幹線列車が渡った場合、その重さで橋が五メートルも下がるのだそうだ。

それにしても、児島（下津井地区）—坂出ルートで橋が架けられるとは、島々の配列が架橋に適しているとの土木工学上の理由によるとはいえ、歴史の輪廻《りんね》を感じさせずにはおかない。

かつては、このルートが讃岐への動脈であった。人々は下津井から船で坂出の西の丸亀か多渡津《たどつ》へ渡り、金比羅《こんぴら》さんに詣《もう》でていた。そのおかげで、これらの港は栄えた。

ところが、明治四三年（一九一〇）に国鉄宇野線が開通し、宇野—高松間に連絡船が就航すると、流れが変わった。宇野から高松へ渡るのが四国へのメイン＝ルートになった。

これでは下津井や丸亀が寂れるというので、地元の人たちの出資により下津井軽便鉄道

（現在の下津井電鉄）が建設された。開通は宇野線に遅れること三年の大正二年（一九一三）であった。

けれども、下津井電鉄の起点は国鉄宇野線の途中駅の茶屋町であり、軌間は七六二ミリのナローである。この私鉄建設によって頽勢《たいせい》を挽回《ばんかい》しようとの意図は実を結ばず、下津井経由は宇野—高松の後塵《こうじん》を拝することになった。

それから七〇余年、奇《く》しくも本四架橋によって下津井ルートが脚光を浴び、四国への動脈が、ふたたび変わろうとしている。

宇高連絡船の就航以来、四国の玄関口の地位をほしいままにしてきた高松は、これからどうなるのだろうか。

定刻6時44分、高松に着岸。

こまかくいうと、二分前には着岸し、上陸準備は完了していたが、ピーと笛が鳴って、ハッチが開いたのが時刻表どおりの6時44分であった。

現在の宇高連絡は「阿波丸」などの四隻が就航しており、いずれも三〇〇〇トン級で、内海航路の船としては大きい。埠頭《ふとう》も立派で、二階建てになっている。青森や函館にくらべても遜色《そんしょく》はなく、船をおりればビルの二階である。

古い思い出話を記すのを、おゆるしいただきたい。

私がはじめて宇高連絡船に乗ったのは昭和一〇年の三月で、当時の船は五〇〇トン級であった。栈橋は浮栈橋で、船からおりると上下に揺れていたのを覚えている。

駅名も「高松栈橋」で、蒸気機関車に牽《ひ》かれてソロソロと発車すると、すぐ停車し、そこが「高松」だった。地元の人は「栈橋駅」「本駅《ほんえき》」と呼びわけていた。栈橋駅のホームの西端と本駅の東端とは一〇〇メートルぐらい離れていたように思うが、もっと短かったかもしれない。時刻表には両駅間の距離が記載されていなかった。

あまりに両駅が接近していて、見境がつかなくなったのか、失敗したことがある。

高松からの帰途、栈橋駅の一時預り所に行って荷物を受けとろうとすると、係員が笑い出した。本駅に預けた際の合札《あいふだ》を栈橋駅で差し出していたのである。もっとも、本駅まで往復するのに五分とはかからなかったが。

この両駅は昭和三四年九月に統合され、「高松栈橋」という楽しい駅名は消滅したが、現在の高松駅の位置は、むしろ栈橋寄りにある。

さて、往年の浮栈橋とは比較にならぬ二階建ての埠頭におり立って通路を行くと、下りの階段と三基のエスカレーターがある。

この階段を下りかけた地点での前方の眺めは「豪華」だ。

港に向かって突っ込んだ形の高松駅は、典型的な頭端《とうたん》式で、四面のホームは櫛《くし》のように基部でつながり、それらのホームに囲まれて七本の番線のほか、留置線、機回《きまわ》り線が、ずらりと並んでいる。さらに右手の海側には、貨物用のホームや連絡船への積込み線があって、それらを木の根元から梢《こずえ》を眺めるようなアングルで見ることになる。

四国の玄関口、高松駅は、非常に忙しい駅で、一日に着発合わせて旅客列車が約一九〇本、運転所への出入りを加えると三三〇本にもなる。四分に一本の割で出たり入ったりしているという。

四国の国鉄には電化区間がないので、出入りするのはディーゼルカーが主体だが、まだまだ客車列車も多い。

6時50分発の琴平行ディーゼルカーが出て行く、6時56分には高徳本線のディーゼルカーが到着する、7時02分、琴平行の客車列車が発車、7時20分発のディーゼル特急「しおかぜ1号」宇和島行も待機している、貨物線では「阿波丸」から貨車が引き出されている……。

4番線と5番線の頭端に設けられたガラス張り六角形の「ホーム運転室」の職員も、各列車の案内で忙しい。

その高松駅ホームの出口寄りに数軒の店が並んでいる。土産物や雑貨ばかりでなく、揚げもの専門店やタコ焼きのスタンドもあり、ユニークな一角だが、とくに目立つのは「讃岐うどん」の大きな店で、湯気と香りをホームに漂わせている。一日平均二〇〇〇食の売上げがあるそうで、高松駅の名物になっている。

駅前広場に出て、駅舎を眺める。屋上に「高松駅」とあるので、五階建ての大きな建物全体が駅に見えてしまうが、駅として使用されているのは一階のみで、二階の一部が食堂と名店街、あとは国鉄四国総局である。

その建物の東はずれに関西汽船の営業所がある。船会社らしい風格のある建物だ。しかし、瀬戸内海航路の名門会社も、近代化に遅れをとって経営は苦しいという。中に入ると、古色蒼然《そうぜん》としていて、自動販売機を除けば、一〇年、二〇年前と変わるところがない。戦前のままかもしれない。これは訪れる価値ありだ。

もうひとつおすすめしたいのは、駅前の高松グランドホテルの一階にある高松琴平電気鉄道（通称「琴電」）のターミナルである。玉藻《たまも》城の石垣と堀を取りこんだ類のない風情の駅だ。

まもなく7時55分。国鉄のホーバークラフト「とびうお」上り第一便の出発時刻である。ホーバークラフトの乗り場は、駅舎の東はずれ、つまり関西汽船の建物の裏手にあり、吹きっさらしの岸壁に小さな浮桟橋が揺れていた。

「とびうお」の定員は、わずか六六名で、ほぼ満席に近い客が乗り込んだ。なかなか人気があるらしい。

ハッチが閉められると、二基のプロペラが轟音《ごうおん》を発して回りはじめる。思わず耳を押さえる。船体（機体？）が浮き上がり、スカートが広がると、こんどは猛然と水しぶきをあげる。海からの風で、それが私のほうへ降ってくる。乗り心地のわるさは、すでに経験ずみだが、見るにしても遠く離れたほうがよいようだ。

この「とびうお」は所要時間二三分で宇野に着き、七分で折り返し、高松に戻ると、これまた七分の滞留で8時55分にはふたたび宇野へ向かうという忙しいダイヤになっている。ホーバークラフトは日没後には運航されないので高松発16時25分が最終便だが、その間に一隻で八往復もしている。

ホーバークラフトの水しぶきを浴びて駅に戻ってくると、ちょうど朝のラッシュで、7時52分着、8時04分着、8時08分着と、上りの普通列車が続々入ってくる。いずれもディーゼルカーではなく、長い編成の客車列車である。未電化で、これだけの通勤通学列車を消化している駅は少ないのではないか。ホームは頭端式であるし、どっと急ぎ足におりてくる客はスーツにネクタイだし、大都市の私鉄のターミナルにいる思いがするが、ホームはディーゼル機関車の排ガスの臭いが濃く漂っている。

大都市なみのラッシュがある、列車が頻繁に発着する、連絡船が出入りする、貨車の揚げおろしもある、ホーバークラフトもチョロチョロする、四国中のゴミや忘れ物も集まってくる、まだまだあるだろう。そして、頭の上には四国総局が乗っかっている。高松とは、そういう駅なのだ。現在の駅員数は構内一八〇人、営業一三〇人。

約束の時刻がきて、午前一〇時、神原邦博《かんばらくにひろ》駅長を訪ねる。四国総局の旅客課長を経て、昨年（昭和五七年）三月から駅長をつとめている方である。

「さすがに四国の要《かなめ》の高松だけあって、国鉄の諸施設、諸機関が全部集中してますね。ないものがないといってよいぐらい何でもある。ないものといったら何でしょうか」

と、これは私。

「そうですね。おもなものとしては、車両工場が多度津にありますが、それくらいかもしれません」

「いろいろな機関に駅が囲まれていると、境界なんかも微妙でしょうね。宇高船舶管理部と高松駅との境目はどこですか。栈橋までが駅ですか」

「いいえ、栈橋への階段までです。しかし、階段に平行してエスカレーターがありましたでしょう。あれは船舶管理部の管轄なのです」

　こういう場合、損なのは駅、とくに駅長で、他部門の責任に帰すべきことでも、怒った客は駅長室にやってくる。これについて神原さんに訊《たず》ねたわけではないが、一般的にそうである。

　それはとにかく、旅客のほうは国鉄の組織とは関係がない。国鉄側としても管轄の境目を旅客に感じさせるようではいけない。

　当然のことだが、高松駅の場合は、とくにその点に神経を使うことが多いようだ。

　たとえば、昭和五八年八月一六日のようなケースである。

　旧盆の帰省客がUターンするピークは、八月一六日、一七日と予想されていた。ところが大型台風の接近が報じられたため、一七日に帰る予定だった客が一六日に集中した。

　超満員の列車が四国各地から高松へと上ってくる。これに対応すべく船舶管理部は休暇中の職員に呼び出しをかけるなどして臨時便の手配をした。これで、高松駅に積み残した客が溢《あふ》れる心配はなくなったが、まだ安心はできない。

　岡山まで運んでしまえば、あとは新幹線という太いパイプがある。しかし、宇野—岡山間の宇野線がネックである。宇野線は単線で、ダイヤは過密であり、車両運用が自由にならない。宇野線に臨時電車の運転や増結が可能かどうか、それを見定めずに客を連絡船に送り込めば、高松よりも格段に駅舎の小さい宇野駅で客に足止めをくわせる結果になる。昭和五八年の八月一六日の場合は、さいわいスムーズにいったが、高松駅長は、いわばダムの放水係のような判断を下さなければならないわけである。

「こんなものがありましてね」

と神原さんが図面を広げた。「多客期における旅客誘導体勢」という図である。見るとロープの張りめぐらし方の図で、簡単なS字形から羊腸たるものまで、いろいろある。状況に応じて張り方がちがうのである。

それを見ているうちに、瀬戸大橋が開通したなら、どうなるのだろうと考えはじめた。高松駅での、こうした苦労は昔語りになるにちがいない。そして、一時的ではあれ、大型の観光バスが四国へと殺到するようになるだろう。

四国の地勢は険しい。西日本第一の高峰は石鎚山《いしづち》であり、四国山地には深い谷が無数に刻まれている。そういう谷での道路事情はわるい。

もし、「かずら橋」見物などと、観光バスが安易に祖谷渓《いやだに》に乗り入れたら、どうなるだろう。あの谷の道路は、ひどく狭い。広げようにも谷の傾斜が急すぎるのだ。

狭い崖っぷちの道路、千仭《せんじん》の谷、そして不慣れな運転手。どうも不吉な予感がしてならない。

直方駅

九州で一駅を選ぶなら筑豊炭田からにしたい、と私は思う。

日本の近代化に筑豊の石炭の果たした役割は大きく、したがって、それを運んだ筑豊地区の鉄道の役割も大きい。その栄光はエネルギー革命によって過去のものとなったが、それだけに判官びいきの気持ちもはたらく。

筑豊地区の石炭輸送の要となった駅は筑豊本線の直方《のおがた》である。各炭鉱から送り出された貨車の大半は直方駅の構内に集められ仕分けされ、旧八幡製鉄所へ、あるいは若松港へと送られたのであった。

その直方駅を訪ねるべく、四月二日（昭和五八年）、土曜日、東京発18時00分の「富士」で出発した。

翌三日の9時38分に小倉着。すぐ接続する9時40分発の電車で戸畑へ。そしてタクシーで若戸大橋を渡り、若松駅前に着いたのは一〇時ちょうどであった。

若松駅に立ち寄ったのは、直方方面から運ばれてきた石炭貨物の終着駅であり、筑豊本線の起点であるこの老いた駅に敬意を表しておきたかったからで、筑豊本線の前身である筑豊興業鉄道の若松—直方間が開通したのは明治二四年(一八九一)である。

往時の盛況をしのばせる広い駅前広場、洋風木造の風格ある駅舎、車寄せの軒には「恵比須神社」の提灯《ちょうちん》が下がっている。日曜日のせいか、駅も周辺も閑散としていて、時代からとり残された駅のように見える。

こんどの筑豊本線の若松発は10時31分の直方行で、三〇分ほど時間がある。

駅舎の東側に接した日本通運の角を曲がり、駅の裏手にまわってみる。「若松機関区」の大きな標札を掲げた古い門がある。なぜか犬がいて吠《ほ》えるが、かまわず侵入して構内を見渡す。

広い構内である。けれども、一部のレールは撤去され、残ったレールも赤錆《さ》び、雑草に埋もれている。そして、放置された炭積機や貨車。荒涼とした眺めだ。

もはや若松駅の命脈は尽き果てたかと、気を滅入《めい》らせながら早合点し、駅舎にもどってみると、うれしいことに若松駅は生きていた。乗客が三〇人ばかり列をつくり、改札がはじまるのを待っているのである。折尾で乗り換えて、黒崎あるいは博多へいく人たちであろう。

もっとも、若松駅の広大な構内からすれば三〇人や五〇人では寥々《りょうりょう》たるものだし、長いホームにポツンと二両で停車している直方行のディーゼルカーも淋《さび》しすぎる。それに、若松駅の本来の相手は人間ではなく石炭であった。

10時31分、若松をあとにして一七分ほど走ると折尾で、乗客の大半が下車し、鹿児島本線のホームへの階段を上っていく。人間である客は、駅員にからんだり車内を散らかしたりするが、そのかわり、放っておいても自分で乗り換えてくれるのはありがたいことだ。貨物はおとなしいが、操車場内でのややこしい入換え作業を必要とする。一長一短だなと、筑豊本線に乗っているので、そんなことを考える。

折尾では一八分停車し、その間に鹿児島本線の電車が三本発着して、あらたな客が乗ってきた。

11時06分に折尾を発車すると、左から鹿児島本線へ直結する筑豊接続線が複線で寄り添ってくる。これは貨物専用線であったが、戦後は旅客列車も走るようになり、現在は貨物列車をはるかに凌《しの》いでいる。

二本の線路が加わり、こちらも複線だから、堂々たる四線並行となる。

さすが石炭列車の大動脈であった筑豊本線ならではの豪華さだが、四線区間はつぎの中《なか》間《ま》までで終わる。

中間を過ぎると遠賀川《おんががわ》を渡る。鉄道が敷かれるまでは石炭輸送に重要な役割を果たしていた川で、「川艜《かわひらた》」という平底船が石炭を積んでくだったという。

左窓にボタ山を眺めながら遠賀川に沿って南へ向かい、いまをときめく九州自動車道と新幹線の下をくぐると筑前植木で、つぎが直方である。

駅間距離は、時刻表によれば三・六キロだが、筑前植木から一・三キロの地点、つまり、二・三キロ手前から直方駅の構内に入る。石炭列車の集散地として殷賑《いんしん》をきわめた直方駅は、それほど広いのである。現在は再整備されて昔日の面影を残す施設の多くは撤去されてしまい、構内も若干狭められたが、それでも長さ三・一キロにもおよぶという。

まず左に直方気動車区が現われる。筑豊地区では唯一の気動車区で、さまざまなディーゼルカーが並んでいる。このあたりでは、まだ駅のホームまで二キロもあるので、列車の速度は落ちない。

そして、構内の転てつ器を操作するテコ扱い所を通過するあたりから、線路が複雑に分岐しはじめる。右や左へ仕分け線や留置線やらが、素人の目には「乱脈」と映るほど奔放にわかれにわかれて、直方駅の構内は蛙を呑《の》んだ蛇のようにふくらんだ。

11時35分、1番線に到着。長い屋根のかかったりっぱなホームで、幅が広く、洗面所も備えられ、東海道本線の主要駅におり立ったかのような錯覚を覚える。

けれども、あたりを見まわすと、やはり様相がちがう。直方駅には二本のホームと四本の番線があり、その1番線に到着したのだが、どうも「1番線」らしくないのである。

一般に1番線は駅の本屋にもっとも近く、本屋の改札口に接した片面ホームである場合が多いのに、直方の場合は、1番線と本屋の間に貨物線が三本もはさまっている。そのために旅客用のホームが操車場のなかに浮かぶ島のような感じになっているのであった。階段を上って跨線橋《こせんきょう》を渡る。鉄骨のアーチ型丸屋根で、一〇人が横一列で歩けるほど幅が広い。改札口へおりる階段はさらに幅が広く、現天皇の御大典用に設計されたという京都駅の1番ホームの階段を思い出させる。どうしてこれほど幅を広くしたのかと疑問を抱くほどだが、実質あるいは格式のうえで、堂々たる階段を必要とする時代があったのだろう。炭鉱の灯が消え、町はさびれても、駅は昔のままに大きいのだ。

直方の駅前広場の中央には炭坑夫の像があり、カンテラつきの作業帽をかぶって削岩機を構えていた。

午後一時、駅長室に田口誠さんを訪ねる。

ことしの三月に着任したばかりの新駅長であったが、門司鉄道管理局で一九年間も列車ダイヤの作成にたずさわっていたというから、いわゆる「スジヤの神様」にちがいない。

うまい人に会えたと思う。

国鉄のダイヤ作成技術は世界に冠たるもので、神業とか曲乗りとかいわれ、わけても、東北本線の上野—大宮間の過密ダイヤの克服と、筑豊線群の各列車の接続処理は、よほどのベテランでなくてはできないとされてきた。

そのむずかしさについては、とうてい部外者の想像のおよぶところではないだろうが、時刻表の巻頭を開いて筑豊地区の線路図を見れば、これはたいへんだろうとの推察はつく。狭い地区に接続駅が一八もあるからだ。その結果として複雑きわまる列車ダイヤとなるのだが、たとえば筑豊本線のページを開くと、起点の若松から終点の原田《はるだ》方面へ単純に直通する列車はごくわずかで、大半は途中から割り込んできたり、途中からどこかへ消えたりする列車なのである。時刻表のなかでも、もっともややこしいページであろう。

「直方での接続をよくしようとすれば田川伊田で乗り換えるお客さまの接続がうまくいかない。新飯塚と田川後藤寺のどちらの接続を優先させるか。原則的には乗り換え客の多い駅のほうの接続をよくするわけですが、そうすると、いっぽうの駅のお客さまから苦情がでます」

と田口さんはいう。

「わかれた支線が行止まりというのなら簡単ですが、筑豊の場合は、それがほかの線につながり、さらにつぎの線につながるというぐあいでしょう。まったく接続には頭を痛める地区ですよ」

スジヤさんというのは、どんなに巧みなダイヤを作成しても、お客に感謝されることの少ない仕事なのだろうなと思う。

「車両の運用にも問題がありましてね」

と田口さんはつづける。

「気動車をあちこちの線に入れてまわしますでしょう。そうすると、向きが逆になってもどってくる場合もでてくるわけです。両端に貫通路と幌《ほろ》のある車両ならば、どっち向きでもかまわないのですが、いっぽうにしか幌のない場合は困ります。私たちは、ホロホロか、ホロナシかといっているのですが、これも厄介な問題です」

駅長というよりはスジヤさんを訪問したようなぐあいになったが、筑豊の駅を語るにダイヤの話は欠くことができないだろう。

「蒸気機関車用の転車台を使って向きをかえたら……」

と私はいった。

「それが、機関庫が取り壊されましてね、もうないんですよ。二三両も入る九州最大の機関庫だったのですが。いろいろなものが、つぎつぎに撤去されましてね。つい先日も跨線テルハ、つまり駅舎からホームへの荷物運搬用のクレーンですが、あれが解体されたのです。もったいないので、銘板をもらってきましたが」

そういって田口さんは、駅長室の隅から「鐵道省　若松工場製作　昭和四年四月」と鋳込まれた大きな鉄板を引きずりだした。

「それでは構内を見ていただきましょうか。跨線橋からがいいでしょう」

と田口さんが立ち上がり、金筋二本の制帽をかぶった。とたんに職人肌の風貌《ふうぼう》が「駅長」に変わる。

駅長室を出ると、本屋と1番線との間にホッパ車を連ねた貨物列車が入っていた。積んでいるのはセメントへの半製品であるクリンカーで、貨車も粉をかぶって白かった。

広い階段を上り、鉄骨丸屋根の跨線橋を進むと、2番ホームの真うえに「西口」の小さな出札口がある。そこから先も長い跨線橋がつづいて線路を九本またぎ、西側の構外へ達しているのだが、もう屋根はなく、幅も狭くなっている。直方駅を見渡すには絶好の展望所である。

けれども、北方を見渡しても気動車区の入口までで、その先は見えない。南もテコ扱い所までしか見えない。とにかく南北三・一キロ、広いのである。

「この構内を多いときは一日に六三〇〇両もの石炭を積んだ貨車が行き来していたので

す」

と田口さんは感慨ぶかげである。入換え用の蒸機の煙でスズメは小型のカラスとなり、戸外に洗濯物を干すことができなかったという。

「黒いスズメにかわって、最近は石灰石の粉で白くなったスズメを見かけるようになったという話を聞きますが」

と私。

「しかし、石灰石の貨物は、一日に五往復だけですから」

駅員の数も、昭和二二年（一九四七）が六八二人、四五年が三〇〇人、現在は一五〇人とのことであった。

直方駅を辞して、町を歩いてみる。

駅はさびれても町の中心部は駅前広場を起点として東へ延びる大通りと、その一本南にあるアーケードの商店街である。いたるところに直方名物「成金最中」の広告や看板が目につくほかは、地方の中小都市の繁華街と変わりはない。

しかし、そこから一筋か二筋はずれると、ひとむかしまえの町の雰囲気になる。黒い瓦《かわら》屋根に漆喰壁《しっくい》の民家や商家が多い。「筑豊タイムス」の看板を掲げた仕舞屋《しもたや》には「印刷一般名刺、挨拶状《あいさつ》、チラシ、新聞」とある。

目立つのは医院で、明治村へ持っていけば似合いそうな古色蒼然《そうぜん》たる洋風建築が、そこここに抽《ぬき》んでている。炭鉱とともに医者も栄えたのであろうか。

高山とか津和野とは、ひと味違う身近かな「古さ」をたたえた町である。私は裏通りや路地を歩きまわった。と、格子戸の二階から三味線の音が聞こえてきた。

そんな直方の町を歩いているうちに、炭鉱の跡を見学したくなった。直方の駅を、そして町を栄えさせたのも、さびれさせたのも炭鉱である。

タクシーの運転手は、直方の西南にある宮田《みやだ》の貝島炭鉱跡へ案内しましょうといった。筑豊の御三家といわれた貝島炭鉱が閉山したのは昭和五一年であった。

車は、遠賀川の支流の犬鳴川《いんなき》に沿う道を宮田へ向かった。若草が萌えでた堤防に夕陽が映えて、爽《さわ》やかだ。

けれども、まもなく景観が一変した。

無人と化して荒れるにまかせた炭鉱住宅、がらんどうになったまま聳《そび》える巨大な選炭装置、池に変じた露天掘りの跡。それらが夕暮れのボタ山を背景にして、荒涼と静まりかえっていた。季節は春なのに、そこだけは晩秋の夕暮れのようであった。

米子駅

山陰本線は六七五・四キロにも及ぶ長大な幹線でありながら、近代化されていない。ほとんどが単線であり、未電化であり、線路も昔のままにくねくねと曲がっている。それで「偉大なローカル線」と言われる。うまい表現だと思う。

小学館版『全線全駅鉄道の旅』の第七巻「北陸・山陰2000キロ」で作家の水上勉さんに登場していただき、つぎのような対話を交わしたことがある。

水上　そういえば京都の嵯峨《さが》の竹藪《たけやぶ》のなかを細々とした一本の線路が横切っていて、山陰本線ってこんなに貧弱なのかと思ったことがありますわ。

宮脇　だいたいあんな調子ですね。ほとんど単線で電化もされていませんし。

水上　ずうっと単線ですか。

宮脇　ええ、米子と松江のあたりだけが、ほんのすこし複線化されているだけです。

水上　出雲《いずも》の先の石見《いわみ》のあたりもですか。

宮脇　あっちへいけば、ますます単線です（笑）。レールもローカル線並みに細くなりまして……。

水上　なるほど、だから、あのあたりはいいんだな。

宮脇　やはり勘所はつかんでおられる。

作家の眼と感受性が、さりげなく山陰本線の本質を捉《とら》えているのに感心したものである。

じっさい、東京駅の10番線で発車を待つ寝台特急「出雲1号」を見ると、鉄路の持つ不思議の念に打たれる。磨きあげられた車体、個室寝台車も食堂車も電源車もある日本一の豪華列車が、あすの未明には、あの旧態このうえない余部《あまるべ》鉄橋を渡るのかと思うと、「山陰本線に入ったら道が悪いから気をつけなさいよ」と撫《な》でてやりたくなる。齢《とし》をとって老婆心が芽生えてきたようだが、この気持ち、おなじブルートレインでも、九州特急の「あさかぜ」などに対しては起こらない。

かような山陰本線であって、線路も駅も沿線風景も「本線」らしからぬローカル色と旅情に溢《あふ》れているのだが、ただ、米子―松江―出雲市だけは例外で、この区間、正しくは米子の一つ手前の伯耆大山《ほうきだいせん》から出雲市の一つ先の知井宮《ちいみや》までは昭和五七年七月に電化され、一部は複線化されている。この区間は山陰地方の中枢部であり、かつ、山陽新幹線と直結するメイン＝ルートとして白羽の矢を立てられ、電化された伯備線を経由して、岡山発の振子電車特急「やくも」がぞくぞくと乗り入れている。

暗がりに提灯の山陰本線に電化の灯がともったのはめでたいが、それはごく一部であって、むしろ、「本線」の名に値するのは伯備線と米子―出雲市間となり、米子以東と出雲市以西は、ますますローカル色を濃くしたとも言える。

さて、山陰本線の数ある駅のなかから、どの駅を選んで訪れるべきか。判官びいきからすれば、置いてけぼりをくって、やや「陸の孤島」の観を呈しはじめた鳥取に心ひかれるものがあったが、やはり米子に落ち着いた。米子には鉄道管理局があって山陰本線の六〇パーセントを管掌し、米子駅自体も操車場をはじめ、もろもろの諸機関、諸施設がそろっている。構内の広さは抜群であり、客貨の取扱い高も列車の本数も第一位である。昭和五九年二月一日を期して各地の操車場が廃止されるが、山陰本線では米子の操車場だけが存続されるという。米子は山陰第一の駅であり、要《かなめ》なのだ。とすれば、山陰本線のひなびた風情とは遠い駅だが、米子を訪れるのが正攻法だろう。

一一月八日（昭和五八年）、火曜日、東京発18時15分の「出雲1号」で米子へ向かう。

「本日はA寝台、B寝台とも全部売切れでございます。空いている寝台がございましても、途中の駅から乗車されるお客さまがご使用になります……」

きょうは平日で、とくに客の多い日ではない。「あさかぜ」「富士」などの閑散ぶりに比して信じられないような盛況ぶりである。米子着7時02分、松江着7時40分という到着時刻のよさのせいであろう。

食堂車も賑《にぎわ》っていて、空いたテーブルがなかった。親子連れの席に座ると、女の子が私を見て、イヤーンと泣き出す。ブルートレインの食堂車での相席は、久しぶりだ。ウェイトレスたちも忙しく立ち働いている。

「出雲1号」には往年の「特別急行」の残光がある。山陰への夜行列車に、なぜそれがあるのか。長距離列車に残された、わずかな「余地」なのであろうか。

夜中に眼が覚めて、1時10分、京都に停車。「時刻表」では通過になっているが、もちろん運転停車をしてディーゼル機関車につけかえなければ、未電化の山陰本線には入れない。

線路が単線になって速度が下がる。列車の体質まで変わったようだ。

2時52分、福知山着。構内の照明灯が、居並ぶディーゼル機関車群を淡黄色に照らし出している。

4時45分。余部鉄橋を渡る。未明の海に漁火《いさりび》が点々としている。

晩秋の山陰の夜明けは遅い。六時半、ようやく明るくなり、瓦屋根と白壁の民家が窓外を過ぎていく。左窓には大山《だいせん》が頂上まで見せている。これからの季節は冬雲に覆われて、ほとんど姿を現わさない名山だが、きょうは、さいわい晴れである。空が青い。

その大山の麓《ふもと》から架線を張った伯備線が近づいてきた。右には王子製紙の工場。山陰らしくない大工場だ。ここから複線になる。まもなく米子である。山陰本線の雰囲気が変わった。

日野川を渡り、右側の家並みの間から境線《さかいせん》が現われて合流すると、分岐器を渡る音が床下から連続し、つぎつぎに線路が分かれて扇形にひろがった。

定刻7時02分、米子駅の2番線に到着。

乗客の半数ちかくが下車する。いつ来ても米子は活気のある駅だ。スマートさという点では、高架駅になって面目を一新した松江や鳥取に及ばないが、活気においては米子がいちばんだろう。

どの旅行列車にも夜と朝とを画然と分ける節目になる駅があるようで、「出雲1号」の場合は米子がそれにあたる。この駅を境に夜行列車の気配は消えうせ、爽やかな朝の列車に変貌《へんぼう》する。

ホームには「大山そば」と大書した立食いそばの店があり、下車した客たちが群がっている。ひときわ湯気が濃くたちこめているのは寒いからであろう。京都、福知山、余部鉄橋等々が気になって睡眠不足の私も眼を見開いて立食いそばの客となる。

米子駅にはホームが三面ある。

本屋に接した片面の第1ホームに1番線。機回《きまわ》り線をはさんで、第2ホームに2、3番線、第3ホームに4、5番線、そして、第1ホームの東寄り外側に境線の乗降場があり、0番線となっている。さらに、その向こうに貨物用ホームがあるが、これは駐車場にされている。

各ホームは何回かにわたって延長されたらしく、土台がレンガ積みのもの、ブロック積み、コンクリートなど、いろいろな材料がつながっている。屋根も新旧あり、形態も資材もさまざまで、まるで「ホームの屋根の変遷史」だ。もうこれ以上延長される時代は来ないだろうが、なかなかおもしろい。

第1ホームの屋根を支える支柱に「双頭レール」が使われており、案内板が打ちつけてあったので近づいてみる。「イギリスのダーリントン・カンパニー、1870年製造」、古レールの側面にも横文字の浮彫りがおぼろに読めた。

山陰地方に最初に鉄道が敷設されたのは境（現在の境港）―米子―御来屋《みくりや》間で、開業は明治三五年（一九〇二）であった。この古レールは米子駅に落ち着くまでの年月を、どんなふうに過ごしてきたのであろうか。

改札口を出ると、駅前広場の正面に日本交通のバス営業所があり、「大阪まで4時間35分」と大きく書かれている。振り返って国鉄の駅舎を見上げると「大阪まで3時間30分」の大垂幕が下がって、たがいに張り合っている。振子電車の伯備線から新幹線へと乗り継ぐ国鉄のほうが時間的には優位に立っているが、バスの運賃は国鉄の半分以下の二七〇〇円で、大きな差がある。

急ぎたがる客が多すぎる時代とはいえ、やはり運賃での大差には抗しがたいようで、電化し、振子電車まで投入してスピード＝アップした伯備線の看板列車、特急「やくも」の乗車率は期待に反して悪いという。「やくも」の正規の編成は九両だが、七両に縮めざるをえなくなったようで、改札口の横に「やくも号の5号車、6号車は連結されておりません」との貼り紙があった。

かくするうちに七時三〇分が過ぎて、朝のラッシュになる。

まず2番線に本線下りの客車列車が到着。これは京都からの夜行で、先頭にB寝台車が一両連結され、「山陰」の愛称名が付されているが、夜が明けると通勤通学列車に変身するのである。

つぎは伯備線の下りで7時46分着。『時刻表』の列車番号欄には「M」となっているが、50系の客車列車であった。

さらに本線上りの電車が7時54分に着き、ついで本線下りの電車が7時56分着。この列車は通路までギッシリだ。

どの列車からも、思いなしか黒ずんだ服装の通勤客や高校生がぞくぞくと下車してくる。しかし、大都市の駅のように駆け足で改札口を突破する客はいない。みんな、ゆっくりとした足どりで跨線橋《こせんきょう》を上りおりし、悠々と駅を出て行く。始業時刻まで十分にゆとりがあるからだろうが、それだけが理由とは思われない余裕が感じられる。歩き方からして違うようだ。

さて、米子駅の外側をひと回りしてみることにする。

山陰第一の規模の米子駅は構内がひろく、長さが二五三四メートル、線路の総延長は三万八七六二メートルもある。それを一巡していては大変だから、西側の半分以上を占める操車場は割愛するが、それでも一時間ぐらいはかかるだろう。いまは八時過ぎで、駅長さんとの面会の約束は一〇時である。

米子駅の本屋の西隅にはD51と腕木式信号機が陳列されている。それをちょっと眺めてから表通りを東へ向かう。

一〇分ほど行くと、構内の東はずれを横切る津山街道の踏切がある。

長い踏切だ。数えてみると一一本もの線路を横切っている。ラッシュ時には開かずの踏切になるにちがいない。全国で踏切の立体交差化が進んだ現在、これだけの大踏切が平面交差のままというのはめずらしいのではないか。

こんな踏切の途中で立ち止まってはいけないのだが、構内の方角を見れば、思わず足が止まる。なにしろ扇状にひろがる線路群の要の位置に踏切があるので、留置された各種の車両が、みんなこっちを向いている。しかも、車両の種類が、じつに豊富だ。黒光りがして逞《たくま》しい除雪車、東京付近では見られなくなった特急用ディーゼル車、下ぶくれで丸っこい振子電車、ブルートレインもあれば近郊形電車もあり、ディーゼル機関車に旧形の客車、さらにタンク車の列、その他いろいろが、さまざまな色と形で、たたずんでいる。まるで屋外陳列館だ。

その踏切を渡って右へ折れると、機械区、電気区などがあり、立入り禁止の札もないので入って行くと、あちこちで職員たちが朝の体操をやっており、胡散臭《うさんくさ》そうに闖入者《ちんにゅうしゃ》を見るので引き返し、一般道路を迂回《うかい》する。

本屋の「対岸」のやや西寄りに機関区がある。扇形の機関庫や転車台があって、「鉄道」の風趣のひときわ濃い一角である。

機関区の西側に接して備後街道の国道180号線があり、長い陸橋で構内をまたいでいる。

この陸橋の上に立つと、東は脚下に機関区、そしてホームや駅舎、西に眼を転じれば操車場がひろがる。米子駅を眺めるには絶好の展望台だ。ただし、バスやトラックの行き交いが激しく、そのたびに揺さぶられるので快適な展望台ではなかった。

一時間あまりかかって米子駅の西半分を一巡し、駅長室に梅林良一さんを訪ねる。前歴は米子鉄道管理局営業部総務課長で、駅長に就任したのは昭和五七年四月とのこと。米子駅の職員数は営業関係が約一〇〇名、構内関係が約二〇〇名である。

「さっき、改札口でお客さんを眺めていたのですが、ずいぶんのんびりしていますね」

と私が言うと、同席された首席助役の門脇和夫さん、庶務助役の青木善次さんと三人が、

「そうでしょう、東京のかたから見れば」

と顔を見合わせてお笑いになる。その笑い顔が文明批評にもなっている。

しかし、米子駅自体は忙しく、事故でダイヤが乱れたときなどは、米子駅で運転を打ち切る列車が続出し、客の誘導や説明に忙殺される。とくに昭和五八年七月の豪雨で山陰本線が分断されたときは大忙しだったという。

また、学校が休みになると、カメラを持ったファンが集まってきて、米子の駅員たちをハラハラさせるという余計なこともある。あれだけ各種の車両がそろっているのだから無

理もないが、どうか私のように踏切の途中で立ち止まったりしないでいただきたい。

一般に大きな駅の駅長は五五歳ぐらいの年齢に達している。つまり、戦時中に国鉄に入った人が多いわけである。「不要不急の旅行はやめましょう」「乗せてやる」の時代に育って、いまは、なりふりかまわず増収につとめねばならないのだから、時代も国鉄も変わったものだと思うが、営業畑出身の梅林駅長は人一倍、増収に熱心なようで、こんなことを言った。

「窓口で切符を売るだけのウェイティング＝セールスだけではいかんと思いましてね。幹部会で提案したのですよ、街頭に立って赤ダスキをかけてチラシを配ろうって。みんな下を向いて黙ってました」

「それはそうでしょう」

「しかし、やろうということになって、通りへ出ましてね、チラシを配ろうとすると、受け取ってくれないで、みんな逃げるのですね。赤い帽子なんぞかぶったからかもしれませんが、あれはショックでした。いまは、わかってきてくださって、受けとってくれるようになりましたが」

駅長一代、ほんとうにご苦労さまだと思う。

塩尻駅

鉄道の分岐点の配線は「人」の字の形になっている。駅は原則として胴体の部分に設けられる。

したがって、頭↕左足、頭↕右足の列車は直進できるが、左足↕右足の列車はスイッチ＝バックの不便を余儀なくされる。

この場合、不便を余儀なくされるのは、本線のうち交通量の少ない側↕支線である。地形などの関係で例外はあるが、だいたいそうなっている。

塩尻駅の場合も、新宿↕名古屋（中央本線）と新宿↕松本方面（中央本線↕篠ノ井線）の列車は直進、名古屋↕松本方面はスイッチ＝バックとなっていた。

ところが、状況が変わって、従来の配線や駅の位置では流通の実体に合わなくなってくる場合がある。そして、あまりに不便な場合は、左足↕右足用の新線を敷き、駅を胴体から足の側へ引っ越しさせるという大手術がおこなわれる。総武本線の千葉駅の移転（昭和三八年四月）は、その大規模な例である。

塩尻駅は明治三五年（一九〇二）に篠ノ井線の終点として開業され、明治三九年には東京方から延びてきた中央東線との接続駅となった。そして、駅の西側で篠ノ井線を分岐するという形で中央本線は全通した。本線を直通する列車を主体に考えた配線であった。

けれども、これが実状に合わなくなってきた。かつては、東京の飯田町（現在は貨物駅）発の名古屋行という、「中央本線」の線名にふさわしい列車が運転されていたが、やがて塩尻を境に運転系統が画然と分けられ、塩尻の東側から西側へと直通する旅客列車は一本もなくなった。また、東海道本線を補完するという軍事輸送上の役割も消滅した。

それに反して、名古屋↕松本方面の交通量は増加し、振子電車による特急「しなの」が頻繁に運転されるようになった。新宿からの特急「あずさ」も塩尻から支線の篠ノ井線に入って松本へ向かう。

こうなると、松本を有する篠ノ井線が「人」の胴体で、中央本線は両足になる。二つに分かれたものを一括して「中央本線」と呼ぶのではなにかと支障をきたすので、塩尻を境にして「中央東線」「中央西線」と全通以前の名称で呼びならわされるようになり、正式名称でないにもかかわらず、長野鉄道管理局の営業成績表などでは、「東線」と「西線」に分けて記載している。また中央西線では、中央本線の「終点」名古屋へ向かう列車を「上り」とし、偶数の列車番号を付しているのも、「名」よりも「実」をとってのことだろ

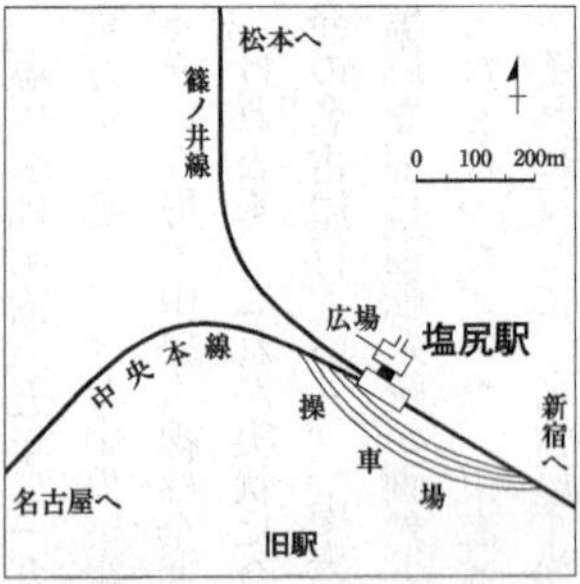

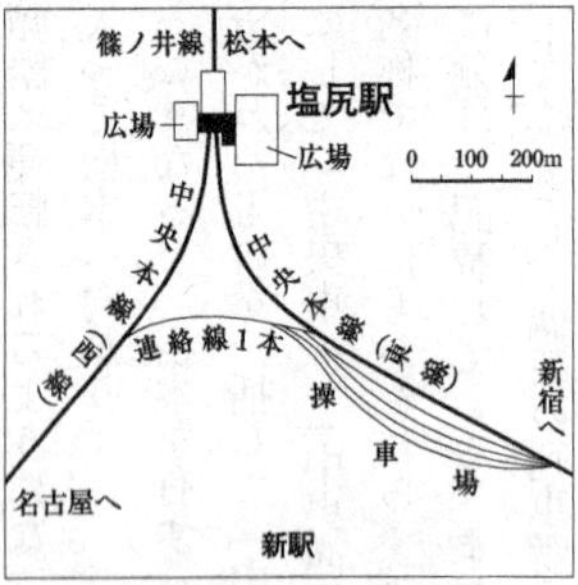

う。

「名」のことはとにかくとしても、運転本数の多い中央西線↕篠ノ井線の列車が、いちいち塩尻でスイッチ＝バックするのは不便であり、本線上を直通するのは寥々《りょうりょう》たる貨物列車だけというのでは実情に合わない。

そこで、中央西線から篠ノ井線へスイッチ＝バックなしで直通する線路を敷き、篠ノ井線との合流点に新塩尻駅を設置する計画が立てられた。町の南にある駅を約五〇〇メートル北西へ移転させようというのである。

塩尻は中山道の主要な宿場町で、「塩尻」の名が示すように「塩の道」の終点でもあった。したがって駅および鉄道諸施設の規模も、それにふさわしく大きい。操車場をはじめとする線路が張りめぐらされ、客貨車区、電力区、保線区、車掌支区などがあり、現在の職員数は約三四〇人、これに塩尻駅員一六二人を加えると五〇〇人になる。

それらの全部が引っ越すわけではないが、大移動計画である。しかも、国鉄の財政状態はご承知のとおりであり、用地取得の交渉も厳しくなっている。

けれども、塩尻駅の移転は断行された。配線の合理化に加えて、都市再開発の要請もあったようだ。こうして、昭和五七年五月一七日、塩尻駅は移転した。

八月二九日（昭和五八年）、水曜日、特急「あずさ5号」で塩尻へ向かう。

岡谷を発車すると、コンクリートの肌も真新しい塩嶺トンネルに入る。今年の七月五日に開業したばかりの短絡ルートで、岡谷―塩尻間が一六・〇キロも短縮された。塩尻駅は、昨年、今年とつづけざまに画期的工事の完成をみたわけである。

長さ五九九四メートルの塩嶺トンネルを時速一二〇キロで、あっさり抜け、新設されたみどり湖駅を通過すると、左から辰野回りの在来線が合流し、塩尻駅の構内に入る。

まず左に操車場が広がり、ついで右に旧駅跡が現われる。すでに駅舎は撤去され、人気のない広場の向こうに古い木造の駅前旅館が見える。

列車は市街地の南から西へと曲がり、12時07分、新駅の2番線に着いた。

ホームは三面で6番線まであり、1、2、3番が中央東線用、5、6番線が中央西線用、まんなかの4番線は共用となっている。スッキリした配線である。

ホームの南寄りに駅舎がある。橋上駅で、大都市近郊の駅のようだ。改札口を出て、自由通路の窓から南をのぞむと、中央東線が左へ、中央西線が右へと分かれて、これもスッキリしている。

東側の表口に出る。広々とした駅前広場が残暑の太陽を照り返して、まぶしい。広場の周辺は新しい雑居ビルや喫茶店が点在し、新駅の開業にあやかっているいっぽう、古い民家も混じっている。トウモロコシ畑も残っていて、発展途上国といった感じであるが、あと一年もすれば立派な「駅前」になるのだろう。鉄道は斜陽だといっても、公共広場に乏しい日本では、まだまだ鉄道の駅が町の玄関であり、中心なのだ。

振りかえって新駅舎を見上げる。岐阜工事局の設計で、鉄骨三階建てである。色の主調は赤味を帯びたセピアで、これはアルプスの岩や土をあらわし、各階の境を白で区切ってあるのは雪と雲を示すのだという。

きれいな建築物である。が、どうも私にはピンとこない。塩尻駅といえば、煤《すす》けて色黒く、蒸気機関車の煙がたなびくホームで顔を洗い、立食いそばを、というのが似つかわしかった。そういう駅であった。それがホテルのような、スーパーマーケットのような塩尻駅に変わっている。

新駅舎の床面積は延べ二〇九〇平方メートル。これに対し旧駅舎は、木造平屋で延べ五五三平方メートルであった。新駅の駅前広場は表口が六三六九平方メートル、西口が二七六〇平方メートルで、計九一二九平方メートルという広さだが、旧駅前広場は七六八平方メートルに過ぎない。立派すぎて、なじめないが、面目一新ではある。

その新駅舎と表口広場を背にして、線路際の小径《こみち》を旧駅舎へ向かうと、たちまち雰囲気が変わる。保線区、電力区、国労支部などの黒ずんだ木造の建物が並び、塩尻らしくなる。

旧駅は駅舎もホームも消えて、廃墟《はいきょ》であった。駅前旅館だけが残っているが、主に去られて淋《さび》しげだ。駅前通りも閑散としている。

食堂を兼業している駅前旅館があり、「手打そば」の札がかかっていたので入ってみる。

そばを食べながら、店のおばさんに廃駅後のようすを尋ねた。

「常連のお客さんは、いままでどおり来てくださいますが、飛び入りのお客は、ほとんどなくなりました」

とのことであった。

新駅にもどり、真新しい駅長室に石坂照雄さんを訪ねる。

三六代目の駅長さんで、就任したのは旧駅時代の昭和五七年三月である。

「木造の古い駅からこの新しいビル駅に移られて、どんなご気分ですか」

「それがですね、なんだか私ひとりだけが栄光の座にすわっているようで、申しわけない気持ちです」

駅の移転計画が立てられてから実現までには一〇年以上の歳月を経ており、その間のさまざまな苦労は先輩たちがなめてきたという。

駅の移転が町の発展につながるといっても、一人一人の市民にとっての事情はさまざまであろう。用地買収に協力的な人もいれば非協力者もいる。内心は売るつもりでも、とりあえず首を横に振る人もいる。偏屈な地主もいるだろう。

「駅前広場の横にトウモロコシ畑が残っていますでしょう」

「あれは趣きがあって、なかなかいいじゃありませんか」

「どうしても用地買収に応じてくれないのです。開駅までになんとかなるようにと願っていたのですが、残念です」

長野県は教育県といわれる。信州人は理屈っぽい。石坂駅長も長野市近郊の出身だが、おなじ長野県でも、長野市を中心とする北信と、松本を中心とする南信とでは、またちがうのだそうだ。

「長野駅の標高は三六七メートルですが、この塩尻駅は七二〇メートルです。冬の寒さは、こちらのほうが厳しいのです。そうした気候風土の違いは人情にも反映しますようで、北信から南信へ転勤してきたときは、なじめなくて、面くらうことが多かったです」

「どういう点がちがうのですか」

「南信の人のほうがキツイですね。なにか交渉をする場合でも、まず肘鉄《ひじてつ》をくわされます。そうしておいてから話し合いに入るのです」

そう言って、石坂さんは毛の薄くなった頭を撫《な》でた。

「でも、みなさんの苦労の甲斐《かい》があって、旧駅時代にくらべると、ずいぶん便利になりましたでしょう」

「ええ、旧駅の駅前広場は狭かったですから、朝のラッシュ時には通勤・通学のお客さまと、そこへ突っこんでくる車やバスが入り乱れて、ハラハラのしどおしでした。とくに雨の日がひどかったです。その点は、こんどの広場はごらんのとおりですから安心です」

そして、スイッチ＝バックの解消については、

「便利になりました。運転士が先頭車から最後尾へ移動する必要がなくなって、停車時間が短縮されましたし。しかし、いいことばかりではありませんで、駅弁や立食いそばの売れゆきが激減しました」

と石坂さんは苦笑した。

西に面した駅長室の窓の向こうに山々がつらなっている。ピラミッド型の山は常念岳に

ちがいない。

「あいにく雲がかかっていますが、この方向に穂高が見えるのですよ」

橋上駅の西側は、さえぎるものなく松本盆地が広がり、ブドウ畑がつづいている。それを前景にして北アルプス。まるで展望室だ。

「ありがたすぎて、居心地がわるいくらいです」

五三歳の石坂駅長は、また恐縮した。

駅長の事務机の傍らに大きな旗がある。金モールの縁どりのある立派な旗で、塩尻駅の文字が縫い込まれている。年輩の人なら連隊旗を思い出すかもしれない。

「引っ越しのときに物置から出てきたのです」

手を触れてみると、総絹であった。駅の旗——。そんな時代があったのだ。

塩尻駅の乗車人員は、昭和五七年度の一日平均が三三二八人で、長野鉄道管理局内では第九位である。

このほかに乗換え客が約五〇〇〇人いる。直通列車のない中央東線↕中央西線相互の乗換え客であろう。

この乗換え客で目だつのは若い女性のグループで、とくに関西方面から中央西線で来て塩尻で中央東線に乗り換え、蓼科や八ヶ岳高原へ向かう女性客が増えているという。これまでは主として関東人の行楽圏だった蓼科や八ヶ岳へ関西人が行動半径を広げて進出してきたのだろう。

石坂駅長のあとについて中央西線のホームにおりる。

信州の学校の夏休みは短い。まだ八月下旬だが、二学期がはじまって、高校生がいっぱいだ。

それらにまじって若い女性のグループが、あちこちにたむろしている。

「どちらからいらしたの？」

と石坂さんが声をかける。大阪からのグループであった。

「おかげさまで、ごらんのとおり、塩尻駅も華やかになってきました。これまでは蓼科、八ヶ岳への若い女性というと東京からがほとんどで、この塩尻まで来《こ》んうちに小淵沢や茅野でおりてしまいましたでしょう。塩尻まで来るのは北アルプスへ向かう山男と申しますか、そういう男性がほとんどでしたが、だいぶようすが変わってきました」

こうなると、名古屋から茅野か小淵沢へ直通する季節列車が欲しくなってくる。塩尻でスイッチ＝バックする列車である。

石坂駅長と別れてから、また旧駅跡へ行った。

かつての駅前通りは、さびれても昔のままのたたずまいを見せている。けれども、その先に立ちはだかるはずの駅舎は、すでにない。あっけらかんと素通しで、山が見えている。駅前通りではなく、宿場の風情であった。

青森駅

東京―札幌間における国鉄対航空機の旅客輸送のシェア（市場占有率）は、昭和五七年度で「四・五パーセント」対「九五・五パーセント」だという。二一人が飛行機に乗るのに対し、国鉄利用者はたった一人という比率である。

東北新幹線の開業によって、上野―青森間が一時間半ほど短縮されたので、すこしは好影響が出るかと淡い期待を抱いていたが、結果は逆で、前年度より若干下回っている。

青函連絡船は、ローカル航路に成りさがってしまったのだろうか。

いっぽう、青函トンネルの工事は最終段階に入っている。北海道を本州と陸つづきにし、新幹線も通すという壮大な夢とともに着工したのであったが、掘っているうちに情勢が変わって、この大トンネルをどう使ったらよいかの議論が交わされる始末になった。開通しても赤字を稼ぐだけだから坑口に蓋《ふた》をしてしまえ、という冗談のようなことを真剣に主張する交通学者も現われた。

けっきょく、ここまで掘った以上は完成させようということで、数年後には鉄道トンネルとして開業する見通しが立ってきたのはめでたいけれど、青函トンネルほど不幸な境遇の大工事は例がないのではないか。

津軽海峡はまさに暗澹《あんたん》たる冬景色である。

その本州側の要《かなめ》にあたる青森駅は、これからどうなっていくのだろうか。


九月一八日（昭和五八年）、日曜日。東北新幹線から在来線の特急「はつかり」に乗り継いで青森へ向かう。

飛行機で本州と北海道を往復する人びとには関係も関心もないことだろうけれど、盛岡を過ぎて左窓に岩手山や八幡平の青い山なみを望み、十三本木峠を越え、ひなびた小駅や民家をかすめながら馬淵川に沿って下り、葦《よし》の繁る沼沢地《しょうたくち》の向こうに寒々とした小川原湖を見はるかしていると、「みちのくの汽車旅」ならではの旅情が湧いてくる。

野辺地からは陸奥湾《むつわん》の岸に沿い、進路が西へと変わってくる。そして、白鳥の飛来する夏泊半島の基部を横断し、浅虫を過ぎるあたりでは進路が真南になる。北へ向かってきたはずなのに、ここでは逆行で、午後の太陽が右窓からさしこむ。八甲田山から陸奥湾へと張り出した山の裾《すそ》を迂回《うかい》しているからだが、かように青森への道程は、まわりくどい。が、それも汽車旅の味のうちだ。

次の野内《のない》で右窓前方に青森市のビルや港湾施設が遠望される。しかし線路は、さらに南へと丘陵地帯に分け入って、青森市が視界から消える。

かつての東北本線は、この地点から市街地を縦断して青森駅へと、ほぼ直進していた。市中には浪打《なみうち》、浦町という海辺を偲《しの》ばせる二つの駅があった。しかし、東北本線の複線電化工事にともなう操車場や車両基地の増設・新設のため、線路は市街地を避けて山側に大きく迂回することになったのである。その結果、東青森駅が新設され、浪打、浦町両駅は廃止された。

東北本線の複線電化は、近代化の遅れていた東北地方に光明をもたらす画期的な工事であった。「ヨン・サン・トオ」の掛け声とともに、昭和四三年一〇月にはダイヤ改正がおこなわれた。この白紙改正による列車のスピード＝アップと増発は目を見はらせるものがあり、上野—青森間の特急「はつかり」は、いっきょに二時間短縮されて、わずか八時間半で快走することになった。操車場や車両基地とともに青函連絡船の桟橋も増設された。昭和三九年に就航した津軽丸をはじめとする新造船が七隻も投入され、年間五〇〇万人もの客を運んだ。

昭和四三年一〇月一日の朝、青森駅頭で特急「はつかり」の出発式がおこなわれ、当時の国鉄総裁石田礼助氏、県知事、市長がテープに鋏《はさみ》を入れた。昭和四三年は青森駅の開駅以来七七年、いわば喜寿にあたっていた。思えば、青森駅にとって最良の年であったろう。

あれから一五年、青函連絡船の旅客輸送量は当時の半分以下の二四〇万人に減った。七隻の新造船も耐用年限がきて、すでに津軽丸と松前丸は引退した。しかし、新規の造船計画はなく、貨物船を改造した石狩丸、檜山丸が客を運んでいる。時刻表に「グリーン船室・寝台・食堂はありません」と注記してある便がそれである。

東北新幹線からの乗継ぎ特急「はつかり9号」は定刻16時05分、青森の1番ホームに到着した。乗車率は三〇パーセントぐらいであった。

この列車は17時00分出航の連絡船に接続しているのだが、ホームを前へと進んで連絡船乗り場へ向かう客はすくない。過半数の客は、うしろ寄りの階段をのぼって駅の本屋、つまり市街地へ向かう。かつてのように、積み残されては大変とばかり桟橋めがけて駆けだすのも閑口だが、この閑散ぶりはどうだろう。

わたしは無性に連絡船に乗りたくなってきた。けれども、今夜は青森駅前で一泊しなければならないので、うしろの階段へ向かう。

階段をのぼると跨線橋《こせんきょう》で、ここからの眺めは青森駅のたのしみの一つである。

眼下には貨車積込み用のレールがあり、海へ向かって扇型に開いている。三つに分岐する複雑なポイントもある。

その扇型に開いた各線の先には、雁行《がんこう》して設けられた二つの岸壁があり、おりしも二隻の連絡船が碇泊《ていはく》して、大きな口をあけ、それぞれ三本の線路を呑《の》みこんでいる。

手前の第一桟橋側で、ディーゼル機関車が行きつ戻りつしながら貨車の列を船倉のなかへ押しこんだり、引き出したりしている。

ちょっと見たところでは、積みこんでいるのか、おろしているのか、わからない。貨車を続々と引き出してきたから、北海道から渡ってきた貨車かなと思っていると、ポイントが切りかえられ、またもとの船倉内へと戻っていく。これだけを眺めれば積込みに見える。

船倉内で幾両かの貨車を切り放しては逆行し、三列に分けて積込み中なのだな、と気づくのに時間がかかった。

さて、改札口を出ると駅前広場で、右手には小屋がけのリンゴ売場が並び、その左奥に市場、正面は新町通りの入口、雑然とした飲食店と土産物屋、左には国鉄バスの営業所、さらに航送車の積込所と港がある。

この駅前広場はおなじみで、また来ましたよ青森へという気分だ。なにしろ青森駅は全列車の終着駅または始発駅であり、かつ東北、奥羽両本線や津軽線の接続がわるく、最近は乗継ぎ客が減ったせいか青函連絡船との接続もわるくなって待ち時間が多い。そのたびに駅前に出ては魚市場を覗《のぞ》いたり、駅付近の裏町を彷徨《ほうこう》したりしている。

そういうわけで、東京から遠いわりにはよく下車する駅である。

広場を横断して駅舎を振りかえる。昭和三四年に建てられた鉄骨二階建てで、古風な味もなく、また斬新さもなく、味気ない建物が横に長くつらなっている。

しかし、いつの間にか、屋上には時計会社の広告をかねた大時計と電器メーカーの新しくて巨大な宣伝塔がのっかっている。日本酒の広告も立てられている。建物とのバランスを欠いた付帯物だと思うが、これらの広告が、くすみかけた駅舎に活気をあたえているようにも見える。まだまだ駅は町の玄関であり、ときには中心でもあって、重要な広告媒体なのだ。

駅に近いホテルで一憩するうちに日が暮れ、構内に立てられた幾基もの照明灯が煌々《こうこう》と駅を照らしだした。

汽笛が鳴る。窓から港を見渡すと、黒い波間に赤や黄白色の灯を映して連絡船が出港していく。東日本フェリーの船も入港してきた。

午前四時、まだ暗い。青森の町は寝静まっている。汽笛だけが聞こえてくる。しかし、これから五時までの一時間、正確にいうと四時五分から四時五三分までは青森駅が賑《にぎわ》う時間だ。

まず4時05分、函館からの青函連絡船の102便が第一桟橋に着岸する。貨物船を改造した檜山丸である。

次に4時30分、第二桟橋に2便の十和田丸が着く。やはりこのほうが客が多い。しかし、十和田丸もあと二年で引退の時期を迎えるはずだ。

この時刻には、すでに青森発の上り特急が二本入線している。

青森駅にはホームが三面（番線は六本）あり、本屋に近い1番ホームが東北本線用、2番ホームが奥羽本線用、3番ホームが津軽線用として使われている。運用によって若干の例外はあるが、だいたいそうなっている。

各ホームの幅は広い。一〇メートルはあるだろう。

1番ホームの1番線に入線しているのは4時53分の盛岡行特急「はつかり2号」で、東北新幹線に接続する一番列車だから乗車率はよく、自由席が八〇パーセント、指定席が四〇パーセントぐらいであった。

2番ホームの4番線は4時50分の大阪行特急「白鳥2号」で、自由席が五〇パーセント、指定席は二〇パーセント未満。

いずれの列車も、きれいに洗浄されていて気持ちがよい。

青森駅の各ホームは設備がととのっている。それぞれにトイレや洗面所や郵便受けがあり、大きな売店が二軒、立食いソバが二軒、弁当専門のスタンドが一軒、そのほかに土産物や飲食物、雑誌などを満載した販売車も何台かある。

それぞれに人だかりがしている。とくに「はつかり」の発車する1番ホームのソバ屋は客が群がっている。

ベルが鳴り終わって4時50分、未明のホームから「白鳥」が爽《さわ》やかに発車していく。あれに乗って日本海を眺めたいとの衝動にかられる。が、わたしは乗るわけにはいかない。駅のルポの悲しい瞬間である。

三分後には「はつかり」も動き出して、助役の指さすかなたにテールマークが消え、青森駅のホームの賑いは終わった。

しかし、指をくわえて列車を見送った者の役得は立食いソバをゆっくりと食べられることだ。さてと財布を探りながらスタンドに近づくと、「もう終わりました」とのつれない返事で、ガラス戸を閉めにかかる。もう一軒にも行ってみたが返事はおなじで、開店は七時ごろだという。

このすぐあとの5時03分には上野からの寝台特急「ゆうづる1号」が到着するはずだが、着いた客は先へと急いでしまうので商売にならないのだろう。

4時55分、汽笛が鳴って第一桟橋の檜山丸の船体が、ゆっくりと動きだした。腹が釈然としないままに改札口を出ると、日本食堂のウェイトレスが店のシャッターを開けているところであった。青森駅の食堂は早起きで午前五時の開店である。

夜食とも朝食ともつかぬものをすましてから、倉庫のあいだを抜け、引込み線をまたいで岸壁に出てみた。

夜明けの港は、じつにすがすがしい。5時25分に出港した十和田丸が、ウミネコの飛び交う海面に波を泡だてながら遠ざかって行った。

午前一〇時、駅長室に菊地昭さんを訪ねる。現場で叩《たた》き上げられて一城の主となった駅長に青白い人はいないが、カラフトからの引揚げ者でもある菊地さんは、色黒く、体躯《たいく》もがっしりしていた。

青森駅の現在の員数は四〇六人であるが、「連絡船への貨車の揚げおろしに手がかかりましてね。貨車四八両を積んだ船が入ってくるたびに七人一組の人員が必要なんですよ」と菊地さんは言う。

連絡船の運航に関する業務は函館にある青函船舶管理局がおこなうが、青森桟橋での営業業務は駅が担当するのだという。

そういえば、青森には「駅」が二つある。一つはホームの南にある本屋だが、もう一つは北側にある連絡船乗り場で、このほうが駅長室のある本屋よりコンコースも待合室もずっと広い。

この待合室は桟橋の先端部にあるので、両側は海である。

あるとき、一人のおばあさんが待合室にいつまでも座っているので、どうしたのかと尋ねた。

「いつ函館に着くのかね、この船」

船に乗っていると錯覚していたのだが、「海の駅」青森らしい話ではある。

それにしても青森桟橋の待合室は広い。数百の椅子が空しく並んでいる。こんな広い待合室がほかにあるだろうか。しかし、

「あれでも、ひところは狭いくらいでしたね。船というのは定員厳守ですから、よく積み残しのお客さんがでたのです。待合室に収容しきれなくて、桟橋線に客車を引き込んで夜を明かしてもらったこともありました」

と菊地さんは言ってから、

「もう、あんな嬉《うれ》しい悲鳴といいますか、そうしたことはなくなりました」

と淋《さび》しそうな表情をした。

駅長室の壁に「指針」の額がかかっている。「安全　増収　明朗」という平凡なものだが、そのあとに津軽弁が付されている。
安全＝あぶねことすな　わもなも（危いことするな　私も汝《なんじ》も）
増収＝のれかへぐべし　わもなも（のるかそるかでかせぐぞ　私も汝も）
明朗＝あづましくやるべ　わもなも（気持ちよくやろうじゃないか　私も汝も）
「うちへ帰れば津軽弁ですよ」
と菊地さんは笑った。

新　庄　駅

冬の奥羽本線に乗ると、地形によって積雪量のちがうことがよくわかる。

峠の付近や北西に面した斜面に雪が多いのは当然だが、それだけでなく、たとえば、おなじ山形県でも山形盆地と、その北に接する新庄《しんじょう》盆地とでは積雪量が大いにちがう。山形市付近は五〇センチたらずでも、特急で三〇分余りの大石田を通過するときは一メートルをこえる。しかも、横なぐりの吹雪の様相を呈してくることが多い。

斎藤茂吉の歌に、

最上川逆白波のたつまでにふぶくゆふべとなりにけるかも

というのがある。昭和二一年、大石田での作で、秀歌として名高いが、このあたりの冬の気象をみごとに表現している。「逆白波」とは、最上川の流れとは逆の方向から吹きつのる風によって立つ波のことである。日本海を渡ってきた湿気を含む冷風が最上川の谷に沿って吹きこみ、山形県北部に吹雪と豪雪をもたらすのだという。

大石田を過ぎれば、まもなく新庄である。

新庄は、そうした悪い気象条件のど真ん中にある。

けれども、地図を見ればわかるように、山と盆地と川の組み合わせは、この地に交通の要衝としての役割を余儀なくした。住みにくい豪雪地帯ながら城が築かれ、街道も東西南北に通じ、羽前国の北の要《かなめ》としての歴史を歩んできた。

当然の結果として新庄は鉄道の要衝になった。明治三六年（一九〇三）、奥羽南線が新庄に達し、明治三八年には奥羽線の全線が開通、大正に入ると、陸羽東西線が開通し、新庄は鉄道の十字路になった。

「新庄市民歌」というのがある。歌詞は三番まであり、その一番は、

朝日にはゆる月山の／山の若葉のさわやかに／汽笛のひびきはつらつと／伸びる鉄路のわが郷土／誇らんいざや新庄市

となっている。

「鉄道」を冒頭一番の主題とする城下町は珍しいのではないだろうか。ちなみに「新庄市民歌」の歌詞の二番目の主題は「名所旧蹟数あまた」であり、三番目は「新興都市の意気高く」となっている。この歌詞の順序は新庄の性格を象徴しているように思われる。新庄は鉄道の町なのだ。そして、「新興都市」を志しても雪が深いために工場誘致ははかばかしく進まないのだという。

一月八日（昭和五九年）、日曜日、新庄へ向かう。

大宮発12時00分の新幹線で福島着13時28分、接続する急行「ざおう1号」を見送り、13時51分発の鈍行の客車列車に乗った。

福島―米沢間を昼間に通るときは、なるべく特急や急行を利用しないことにしている。赤岩、板谷、峠、大沢の四連続スイッチ＝バックを素通りするのはもったいない。

板谷峠の上りにかかると、眼に見えて雪が深くなる。板谷駅のホームの物差しによれば、ちょうど一メートルであった。

峠駅の雪は、さらに深かった。その雪のホームに名物の「力餅」の売り子が立っている。小さな大福の一二個入りが五〇〇円。私は甘党の正反対だが、一箱買う。これは東京に帰るまでもて余した。

雪が浅くなって米沢を過ぎ、赤湯で、あとから追いついてきた特急「つばさ7号」に乗り移る。

山形市付近の積雪は五〇センチ以下と思われたが、大石田に近づくと、はたして一メートルを越える積雪になった。吹きつける雪と列車が巻き上げる雪とが混じり合って窓外が白く霞《かす》んできた。

薄暮の、やや青味を帯びた風景に眼をこらしていると、右から陸羽東線が寄り添ってくる。しかし、レールは見えない。雪をかぶった路盤が道路か堤防のように見えた。

新庄に近づくと、「つばさ7号」は徐行しはじめた。

停車するために速度を落とすのとは、すこしちがう。用心ぶかく手さぐりで進むような感じである。

鉄道は道路よりも雪に対して強い。積雪のために道路が不通になっても鉄道は通じているというケースが一般である。赤字ローカル線廃止の基準を定めた政令でも、「代替輸送道路の全部又は一部につき、積雪期における積雪等のために一般乗合旅客自動車運送事業による輸送の用に供することが困難となった日数が十日を超える」線区については存続させるとしている。

除雪能力を上まわる豪雪や雪崩に襲われれば鉄道も道路も不通になるが、道路が不通で鉄道は無事というケースが多く、その逆が稀《まれ》なのはレールと鉄輪の効用だろう。

じっさい、雪に被《おお》われてレールの見えない線路の上を列車が走り抜けるさまは見事である。徐行もせずに轟然《ごうぜん》と走り去ったあとを見れば、二本のレールの踏面がくっきりと銀色に光っている。自動車にはできない芸当だといえる。

けれども、鉄道にも泣きどころがある。それは「転てつ器《ポイント》」である。これは、まったく雪にたいして弱い。東京などでは一〇センチ程度の降雪で国電が不通になったりするが、その原因のほとんどは転てつ器が雪で動かなくなるためだ。

新庄駅の構内には転てつ器が五九もある。鉄道の要衝だから、やむをえない。

たんに積雪が深いというだけならば、新庄より条件のわるい駅はいくらでもある。しかし、積雪量と転てつ器数との二つを勘案すれば、すくなくとも本州では最悪の条件を備えたのが新庄駅ではなかろうか。

はたして「つばさ7号」は新庄駅の構内にさしかかると、おそるおそるの徐行になった。

転てつ器にたいする不安からか。そうではないだろう。運転士は信号を見て運転するのである。転てつ器が凍《い》てつけば信号は赤になるはずだ。

「つばさ7号」が新庄駅の構内で時速一五キロの徐行をしたのは、転てつ器の周辺に群がって除雪作業をする保線係への安全の配慮からであった。

ゆっくりと進入する列車の窓の下には、雪の粉を浴びながら手を休めて見送る鉄道員の姿が構内の照明灯に照らされていた。

「つばさ7号」は定刻より二分遅れの17時00分、新庄駅の2番線に停車した。

駅前のビジネスホテルに投宿。

例によって繁華街へ出かける。日曜日であり、雪は降っているし、人口四万三〇〇〇の町にしては街の灯が淋《さび》しかった。しかし、それだけではないだろう。飲食店の数自体が少ないのである。景気のわるい国鉄を市民歌の一番に挙げる町だから、というのはヒガ目だろうか。

「雪の降る町を」という歌があるが、まさにあの感じだ。わずかに開いていた店に入って、おでんで一献《いっこん》し、

「新庄のうまいものは？」

「それが何もないんですけん」

というような会話を、おかみさんと交わす。

そのあと、駅へ行く。駅のルポが目的で新庄を訪れたのだから駅へ向かうのは当然だが、私でなくても駅へ行くほかないだろう。光のある方角へ歩けば駅にたどりついてしまうのだ。

大都市なみに広い駅前広場の中央には、集められた雪が高々と積まれ、それを街灯が照らしだし、二階建ての駅舎が雪のなかに堂々と君臨している。窓の人影は少ないが明りはともっている。雪に閉ざされた夜の町で、ここだけが灯台のようだ。

駅舎の向こうの雪空がほの明るい。構内の照明灯であろう。

職員たちの住宅や保線区詰所などの建ち並ぶ路地を抜けて、線路ぎわの雪の土手にあがってみる。

除雪車が雪を吹き飛ばしている。除雪や転てつ器の点検に余念のない作業員の黒い影が点々としていた。

新庄駅は、頻繁にというほどではないが夜行列車が行き交う。雪に音を吸われて、駅前に泊っているとは思えぬほど警笛が遠く聞こえる。

けれども、ひと眠りしてからは、その音が気になって眼が冴《さ》えた。時刻表を開く。寝台特急「あけぼの1号」は新庄通過となっているが、そんなはずはない。運転停車するにちがいない、と、停車時刻を推定する。はたして3時30分、それらしき気配が伝わり、発車の警笛が鳴った。定時運転が守られているようであった。

それは目出度いのだが、新庄に身を置いて時刻表を眺めていると、腹が立ってくる。一般に奥羽本線のダイヤは乗りにくくできていて、イライラさせられる。東北本線より不便なのは当然としても、羽越本線よりもわるい。とくに新庄がひどい。特急の「つばさ」や「あけぼの」に乗らないかぎり、どこへ行くのも不便だ。新庄からの帰途、陸羽東線で古川に出て東北新幹線に乗ろうと思っても、古川の接続がすこぶるわるい。しからば山形の手前の羽前千歳から仙山線で仙台へ向かうのもおもしろかろうと考えたが、これまた、こっちが着く直前に発車するようになっている。単線区間ばかりで、ダイヤのつくりにくい事情はわかるけれど、意地わるく新庄いじめをしているように見える——。

5時10分、ディーゼルカーの警笛が聞こえた。陸羽東線の一番列車である。

午前七時、雪の駅前広場が明るくなった。高校生や長靴姿の通勤客が白い息を吐きながら窓の下を歩いて行く。

フロントのおばさんに、「朝食はどこで?」とたずねると、

「ここの食堂はまだ開いていません。駅の食堂へ行けば食べられます」

とのこと。朝食も駅の世話になるのが新庄なのであった。

新庄の駅長室に入って、まず眼につくのは壁に貼られた「積雪一覧表」というグラフである。きのうが、ちょうど一メートルとなっている。

最近では昭和四八年の二メートル八〇センチが最大で、最小は五三年の八〇センチだというから、いまのところはたいした積雪ではないが、それでも保線係や除雪車が大忙しで働いているように見えた。ひと晩で何十センチというドカ雪に見舞われたら、さぞ大変だろうと思う。

「ここの転てつ器は撒水《さんすい》式ばかりでして」

と荒井竜男駅長は言う。水を撒《ま》いて雪を溶かす方式である。熱風式のほうが効率がよく、凍結の心配もないのだが、新庄駅には設置されていない。

鉄道の要衝だから、その旧式な転てつ器の上を列車が繁く行き来する。それが転てつ器の凍結を防ぐ作用もするが、荒井さんが見せてくれたパンフレットには、「新庄駅の特異性」として、つぎのように記されていた。

㈠ 陸東、陸西線の気動車の始発、終着のほか奥羽本線の始発、終着列車が二二本あり、本線使用の全編成転線入換が九本ある。

また、増解結作業が多く、特に陸東、陸西線と奥羽本線との直通気動車列車の分割併合があり、旅客乗車のままの入換で最要注作業である。

㈡ 北部方面の引上げは、山屋踏切を支障する入換になる。

㈢ 貨物列車は殆《ほと》んど裏1、2番線着発であり、下り貨、到着貨は表線作業で本線横断が多い。

㈣ 災害線区で、雪、雨、濃霧等で輸送障害が多く、構内入換にも支障することがある。

気象条件のわるいところで、ややこしく列車を引き回さなければならない駅なのだ。

「雪についての思い出にいいことは一つもありません。悲しい思い出もあります」

と荒井さんは雪焼けした浅黒い顔を曇らせた。

「四年前になりますが、この一つ先の泉田《いずみた》という無人駅で、車掌がステップから足をすべらして殉職したのです。福島車掌区の人でした。ちょうど定年になる日の最後の乗務で、福島へ戻る途中の出来事でした」

その悲劇の泉田駅から二つ先に「音頭」で名高い真室川《まむろがわ》がある。秋田県境に近い町である。この方面の列車の便は一段とわるい。ダイヤが変わって便利な列車がはずされそうになると、

「駅長！　オレどうせばええんけん」

と、町長が飛んでくるという。真室川は委託駅で、新庄が管理している。

「もっとお客さんのニーズに合ったダイヤを考えてほしいです」

と、定年間近い荒井駅長は言った。

気が滅入《めい》るような話ばかりになったが、新庄地区の国鉄職員にとって、いいこともある。市民歌の一番の歌詞に「鉄道」が出てくるほどの町である。鉄道だけの町ともいえるわけだが、とにかく国鉄職員の肩身は広い。

このところ国鉄の評判はわるく、大方の国鉄職員は肩をすくめているが、新庄はそうでない。みんな制服制帽で堂々と町を闊歩《かっぽ》する。商店も大歓迎で、国鉄さんならと値引きし

てくれるという。

「さぞかし駅長さんはモテるのでしょうね」

浅黒い荒井さんの顔がほころんだ。鉄道の町、新庄。

岩見沢駅

町があれば駅が設けられる。町が大きければ駅の規模も大きくなる。これが駅と町との関係の一般だろうけれど、そうでない場合もある。たとえば東海道本線の米原、鹿児島本線の鳥栖《とす》等々で、駅はひじょうに大きいが町は小さい。米原などは町の体をなしていない。

これらは町があって駅ができたのではなく、鉄道網の結節点としてまず駅や操車場が設けられ、付近に鉄道関係者の住居や詰所が建ち、ついで周辺に商店が集まってくるという順序で形成されたもので、城下町や社寺の門前町に似ている。「駅の町」である。

私は、こうした駅が好きだ。中央本線に乗っても、甲府よりは塩尻が気になる。信越本線なら長野より直江津だ。いずれも鉄道の駅らしい駅である。鉄道の駅らしく感じるのは、のびのびと自由に設計された広い構内、張りめぐらされた複雑な配線、貨車区、機関庫などの諸設備、そのあちこちに留置された貨車や客車、待機する機関車たちのせいだろう。蒸気機関車の全盛時代に「黒いスズメ」が飛び交ったのもこれらの駅である。いまでも当時の煤煙《ばいえん》の残滓《ざんし》が跨線橋《こせんきょう》やホームの屋根に残っている。

北海道には、そうした駅がとくに多い。人口の少ない未開拓の地に四〇〇〇キロもの鉄道を精力的に敷設したからであろう。

これから訪れる岩見沢《いわみざわ》駅は、その代表格である。

岩見沢の背後につらなる夕張山地に良質の石炭を産する幌内《ほろない》炭鉱が発見されたのは明治元年（一八六八）で、開坑は明治一二年であった。

この幌内炭鉱の石炭を小樽港へ運ぶために手宮《てみや》（小樽市）—札幌—岩見沢—幌内間の幌内鉄道がアメリカ人の指導によって着工され、明治一五年に開通した。これも北海道最古の鉄道であった。

当時の岩見沢は原生林に覆われていて、人家は一軒もなく、ぽつんと駅があるだけで、駅員も田隅広作さんという人ひとりであったという。岩見沢という地名にしても、測量係が「湯浴みをした沢」が転じて岩見沢になったというのが由来である。

その後、夕張山地に炭鉱が続々と開かれ、石炭搬出用の鉄道が敷設されると、それらの要《かなめ》の位置にある岩見沢駅は石炭貨車の集結地としての重責を担うことになった。旭川や室蘭へ通じる幹線鉄道も開通した。こうして岩見沢駅は大発展を遂げたのであった。

現在の岩見沢市は人口八万三〇〇〇人の立派な町である。けれども、駅の規模は人口八万余とは比較にならぬくらい広い。人口一二〇万を擁する札幌駅よりも広い。

それを数字であらわすと、岩見沢駅の構内は、長さ五六四八メートル、面積九四万二五〇〇平方メートル、構内に敷かれた線路の総延長は三万四七九〇メートルにもおよんでいる。このうち線路の総延長は、石炭輸送の衰退によって操車場のレールの大半が撤去されて以後の数字であるが、それでもなお、北海道第一の規模の駅なのである。

三月二四日（昭和五八年）、木曜日、札幌発12時40分の急行「なよろ3号」で私は岩見沢へ向かった。

札幌から三〇分、上幌向《かみほろむい》を通過すると、まもなく右から室蘭本線の下り線が寄り添ってくる。函館起点三二四・三五一キロの地点で、ここから岩見沢駅の構内に入る。

しかし、急行「なよろ3号」は速度をさげない。駅本屋まで、なお三・二キロもあるのだ。

右窓間近に五本の貨物線があるが、その向こうは広い原っぱである。かつては、ここに五〇本もの線路が敷かれ、石炭貨車がひしめいていたのだが、昭和五五年（一九八〇）一〇月に操車場が廃止され、レールが撤去された、その跡である。

操車場跡を二・五キロほど走ると、列車は速度を落として、いくつものポイントを通過する。このあたりから左へ旧仕訳線や転回線が続々と分岐して、構内が広がる。この部分には線路が四〇本もある。石炭の時代は去っても、岩見沢駅は鉄道の要衝として、まだまだ忙しいのだ。

13時15分、4番線に到着。岩見沢駅にはホームが二面半、発着番線が五本ある。少ない数ではないが、構内が広いだけに旅客用の施設など、ほんの一部に見える。けれども、やはり岩見沢だ。煤煙の跡を残す跨線橋。色浅黒く、逞《たくま》しく、電車より蒸気機関車の似合う駅である。

蒸気機関車牽引《けんいん》による最後の客車列車は、昭和五〇年一二月一四日、室蘭発7時50分の225列車であった。終着は岩見沢で、11時42分着。岩見沢が終着駅になったのは象徴的だと思う。

駅長室に山根守駅長をお訪ねする。この三月一日に就任したばかりの新任駅長さんだが、祖父は屯田兵で、ご自身も保存原生林で名高い野幌《のっぽろ》の生まれだから生粋の道産子である。

岩見沢駅の現在の職員数は二九六人で、その内訳を記すと、駅長一名、助役二九名、運転主任一三名、営業管理係一四名、輸送管理係三三名、庶務係七名、営業係六二名、運転係七六名、輸送係八名、構内指導係四三名、運輸指導係四名、構内係五名、準職員一名と

なっている。このうち、駅長と助役をのぞく二六六名が組合員で、全員が国労である。

山根駅長の表情は意外に明るかった。意外にと感じたのは、私の勝手な先入主によるもので、石炭産業の衰退によって岩見沢駅の気勢はあがらないのではないか、百年ものながい間ご苦労さま、という気持ちを抱いてやってきたからであった。

「たしかに当駅の操車場は、その使命を終えました。しかし……」

と山根さんは言う。

「札幌を中心とする人口増加はめざましいものがあります。小樽、当別、千歳、そしてこの岩見沢までが札幌のベッドタウンとして開発されつつあるのです。岩見沢市の人口も八万をこえました。当駅の乗降人員は現在一日平均一万四〇〇〇人余りですが、増加を期待しております」

札幌圏の人口が増加すれば他の地域が過疎化し、地方交通線問題がますます深刻になるのだろうなどと、国鉄総裁や運輸大臣のようなことを考えてはいけない。ここは岩見沢の駅長室である。

すこしほっとしたところで首席助役の藤井弘也さん、昭和一九年から岩見沢駅に勤務している助役の関功さんも加わっての思い出話になった。

終戦直後の食糧不足時代には構内に植えたカボチャを蒸気機関車の煙室扉の中に入れて

焼いて食べた話。焼イモのようにホカホカして、おいしかったそうである。

その駅長室の壁に降雪量のグラフが貼ってある。夕張山地の西麓《せいろく》にある岩見沢は雪の深いところで、年間の降雪量の総和は七〜九メートル、昭和四四年には一二メートルに達したという。このくらい降ると、積雪が四メートルにもおよぶときがあるそうだ。広大な構内に降り積もる雪との闘いも岩見沢駅の重要な仕事の一つである。

いったん駅長室を辞して、「鉄道レールセンター」へいく。これはレールの修理・再生工場で、駅の管轄ではなく、札幌鉄道管理局の施設部に所属するのだが、建物が古いので映画のロケなどにも使われて、名所になっている。

レールセンターは駅の東北隅に接してあった。北海道炭礦鉄道会社の機関庫として明治二六年に建てられたというだけあって、さすがに古い。積み上げられた煉瓦《れんが》の外壁は剝落《はくらく》し、古色蒼然《そうぜん》をこえている。ほとんど窓がないので監獄の遺跡のようにも見える。それはまさに開拓時代の北海道をしのばせるに十分な建物であった。

けれども、これは遺物ではなく、現役の工場で、中に入れば幾人もの作業員たちが酸素熔接《ようせつ》の火花を散らしていた。おこなわれているのは東海道新幹線で使い古した五〇Tレールを研磨し、整形し、熔接し、ローカル線用のレールとして再生する作業であった。

駅にもどり、山根駅長の後にくっついてホームを歩く。

2番ホームに木彫の巨大な農業用馬像が鎮座している。開拓時代をしのび、かつ市営競馬の宣伝をかねて三年まえに購入したものだという。

その馬像の台座に小さな観音像と賽銭箱《さいせんばこ》が置かれている。観音像は、ある日、突然出現したもので、だれが置いていったかはわからない。しかし、そういうものがあると賽銭をあげる人が出てくる。それで賽銭箱を備えたところ、昭和五六年の一月から一二月までで一万五六五〇円に達した。駅ではこれに四三五〇円を加えてキリのよい二万円とし、社会福祉事業用として市に寄付したそうである。

「これを見てください」

と、山根さんが屋根を支えている古レールを指さした。見ると、

「このレールは明治三三年（一九〇〇）にアメリカのカーネギー社から輸入されました」

と書かれた小さな木札がさげられており、レールの側面には横文字の社名や製作年の数字が鋳込まれていた。そうした舶来の古いレールを使った支柱は、ほかにもイギリスのキンメル社製（一九〇一）、アメリカのテネシー社製（一九二二）など何本かあった。

そこへ石炭列車が到着した。

石炭の影が薄くなったとはいえ、石炭列車が完全に消え去ったわけではない。岩見沢駅

における貨車取扱い数の変遷を見ると、昭和四〇年がピークで、到着、発送、中継、通過を合わせて一年間に一六一万六五四三両の貨車が岩見沢駅の世話になっている。大半は石炭車であろう。それが昭和五六年には四万五三三七両になり、現在はさらに減って、昔日の殷賑《いんしん》とはくらぶべくもないが、しかし、こうやって少しは石炭列車が走っているのである。

入線してきたのは幌内からの列車で、貨車は一二両、大小さまざまの石炭が積みわけられている。いちばん大きいのは「特塊《とっかい》」で、庭の敷石に使えそうな大きなのもある。つぎは「特中塊《とくちゅうかい》」で、これらは無煙炭のなかでも最上等の部類に属し、暖房用としてまだまだ需要があるのだという。「粉炭」と書かれたのもある。行先が江別となっているから、江別の火力発電所へ送られるのであろう。

2番ホームの跨線橋《こせんきょう》の階段の下に駅弁屋さんの詰所があったので、覗《のぞ》いてみる。

岩見沢の駅弁は安くて良心的だと評判がよい。ご紹介すると、イクラ弁当五〇〇円、うなぎめし六〇〇円、とりめし三〇〇円、釜《かま》めし五〇〇円といったぐあいである。とりめしが三〇〇円とは、と感心し、同行の眞船直樹カメラマンに中身を尋ねてみた。三〇〇円とは思えない内容だとのことであった。眞船さんは札幌に住んでいるのでなにかと詳しいのである。

「とすると、駅弁がよく売れるのでしょうね」

と私は言った。

「いやあ、それがですねえ」

と駅弁屋さんのひとりが首を振る。岩見沢は札幌に近すぎて弁当を買う客は少ないのだそうだ。列車の発着本数は多いのだが、下りの客は札幌で買ってしまうし、上り列車の場合は駅弁よりもおり仕度のほうに気持ちが移っている。考えてみると、通るたびに岩見沢に敬意を表している私でも、この駅で駅弁を買った記憶はない。札幌に近いことは岩見沢駅の今後を卜《ぼく》するうえでの好条件なのだが、駅弁屋さんにとっては悪条件なのであった。

夕方のラッシュ時に入って、列車の発着が頻繁になった。

17時13分、急行「宗谷」稚内行が4番線に到着し、5番線に停車中の旭川行鈍行を抜いて15分に発車して行く。その旭川行は後部四両の切り離し作業中である。駅弁を買う客あり。

17時18分、上りの石炭列車が1番線と2番線との間の機回《きまわ》り線に入ってきた。ホッパ車二五両の編成で、積まれているのは粉炭ばかりである。

17時24分、下りの石油列車がタンク車一〇両をつらねて4番線に到着。

17時25分、旭川行の鈍行が5番線から発車。

17時28分、石炭列車と石油列車が右と左へ同時に発車。

17時29分、仁木《にき》行鈍行が3番線から発車。

17時35分、根室からの急行「狩勝2号」が3番線に到着、37分に発車。駅弁売れず。

17時38分、歌志内《うたしない》行鈍行が5番線に到着。

17時41分、幌内線のディーゼルカーが1番線に到着。

17時43分、石北本線経由網走行、羽幌《はぼろ》線経由幌延《ほろのべ》行、名寄《なよろ》本線経由遠軽《えんがる》行の三方向の車両を併結した急行が4番線に到着し、歌志内行を抜いて44分に発車……。

メモをとる私も忙しい。往年の重責も栄光も失ったけれど、忙しくてむかしのことなど思い出してなんぞいられないといった風の駅である。どうも印象が混乱する。


午後一〇時半、ふたたび三度、岩見沢駅を訪れる。下りの夜行列車が通過する時刻である。急行「まりも3号」が石勝線経由となり、岩見沢を通らなくなったのは淋《さび》しいが、稚内行の「利尻」と網走行「大雪5号」は岩見沢を通る。いずれも「汽車」の面影を残す客車列車で、夜の岩見沢によく似合うだろう。

22時57分、「利尻」が4番線に到着し、一〇分停車する。急行の一〇分停車とは岩見沢にふさわしい。

残雪の構内の奥深く「利尻」の尾灯が吸い込まれるように消えると、次は23時50分に到着する「大雪5号」で、四〇分ほど待ち時間がある。蛍光灯のみ明るい閑散としたホームにひとり佇《たたず》んでいると、駅員が近寄ってきて、寒いでしょう、どうぞこちらへ、と私を跨線橋の下の詰所へ招じ入れてくれた。

翌三月二五日、9時24分発の室蘭本線の鈍行客車列車で岩見沢駅をあとにした。

宿では朝食をとらず、そのかわり駅弁を二個買った。「とりめし」と「イクラ弁当」である。あわせて八〇〇円、新幹線の車内販売なら一個分の値段であろう。

「とりめし」は、大きなササミが二切れ入っていて、下に敷かれた炊き込み飯を、ほぼ覆っていた。

「イクラ弁当」の蓋《ふた》をとると、さすがにギッシリとは敷き詰められていなかった。が、少ない数ではない。数えてみると八三粒であった。

あとがき

本書のうち「鉄道旅行のたのしみ」は小学館版『全線全駅鉄道の旅』(12巻。昭和五六年一一月~五七年一一月刊)に、「駅は見ている」は、おなじく小学館版『国鉄全線各駅停車』(10巻。昭和五八年四月~五九年二月刊)にそれぞれ連載されたものである。そうした関係もあって、各篇の配列は執筆順、つまり配本順とした。そのほうが読みものとしての流れが自然であろうと考えたからである。

刊行の形態としては、まず単行本にし、つぎに文庫判というのが通例であるが、この本については単行本化せず、いきなり文庫で刊行することにした。前記の二つの鉄道全集を揃えておられる読者が多いので、重複して購入された場合を勘案し、廉価な文庫という形を選んだ。快く集英社文庫へ譲ってくださった小学館に感謝している。

「駅は見ている」のルポでは、各駅の駅長さんをはじめ、たくさんの方々のお世話になった。厚く御礼申上げる。

昭和六一年五月

著　者

解説

酒井順子

私の本棚には、宮脇俊三さんの本が数多く並んでいます。長く出版社に勤めた後、五十代から執筆活動に入った宮脇さんであるわけですが、ご著書の背を眺めていると、「作家生活が長くはなかったというのに、何と名著が多いものよ」と思う私。

『時刻表2万キロ』、『最長片道切符の旅』、『時刻表昭和史』等々、折々に読み返す本は何冊もあります。が、そんな中でも私が最も手に取る回数が多いのが、この『鉄道旅行のたのしみ』なのでした。

『鉄道旅行のたのしみ』は、昭和五六年から発刊された、全十二巻の『全線全駅鉄道の旅』という本に連載されたもの。連載された本の性質上、各地方別に、鉄道の特徴と楽しみ方のコツが、端的に記されています。

私が本書を開くのはいつも、旅に出る前です。これから行く地方の頁を開いては、「さて、この辺りの鉄道事情はどんなものか」とか、「見所はどこか」といったことを確認する。そうして、旅への期待を膨らませるのです。

とはいえ本書が書かれた当時と今とでは、鉄道事情はだいぶ変わってきています。本書に記されている路線で廃線になったところは数々あって、今読み返すと「乗っておきたかった」と思うことしきり。

また、たとえば「奥羽・羽越の巻」において、

「車窓から豪雪を眺めるには奥羽本線がよいだろう。まず、福島―米沢間。ここは鈍行列車にかぎる。赤岩、板谷、峠、大沢と四つのスイッチ＝バック駅の一つ一つに立ち寄っていくからだ。特急や急行では雪にかくされて駅舎も見えないままに通過してしまうし、峠駅の力餅を買うこともできない。雪深いホームに立つ力餅売りの姿は一幅の絵である」

としてある区間も、今となっては様変わりしています。山形新幹線開通に向けての軌道工事のため、スイッチバックは一九九〇年に廃止され、スイッチバック区間の各駅は新しくなって、スノーシェルターに覆われることとなった。「一幅の絵」とされた「雪深いホームに立つ力餅売りの姿」も、見ることはできなくなったのです。

私が以前、真冬に峠の力餅《ちからもち》のお店を訪ねた折りは、

「昔はこの店も駅前にあったのだけれど、駅が移転したので、もう駅前ではなくなってしまって。新幹線の開通後は、駅売りをするのは土日だけ。雪の量も、昔と比べると減った

ねぇ」

と、お店の方はおっしゃっていましたっけ。このように今、本書を読み返してみれば、時代の流れを感じざるを得ない部分は多々あるのです。

が、しかし。それでも私が、旅に行こうとする度に本書を開くのは、まさに「鉄道旅行のたのしみ」とは何か、そして「鉄道」とは何かということが、鉄道に詳しくない私のような者にも理解できるように、記してあるからなのでした。

「都市化とは、ひろげた手の指のように鉄道に沿って放射状に延びていくもの」（関東の巻）

「鉄道とは、統一国家の象徴であり、中央集権のための動脈として敷設されてきた。それは、地方の特色を温存するのとは逆の方向に作用してきたのであり、鉄道網が張りめぐらされるにつれて、各地方の習俗は東京へと近づいたのであった」（近畿の巻）

「川は交通路の母だ。山中に入れば道路も鉄道も母に手を引かれた幼児のように川に沿う」（山陽・四国の巻）

といった記述を読めば、この国において、我々が鉄道という交通機関をどのように捉《とら》えればいいかが、おのずと理解できてこようというもの。このような鉄道の「見方」は、凡百の旅行ガイドブックや鉄道本には、決して載っていないのです。

宮脇さんは、鉄道の表層やスペックだけを見ているのではありません。鉄道と密接なかかわりを持つ地理や歴史ごと鉄道を理解していらっしゃるからこそ、時代が変わっても、そのご著書は鉄道本の古典として、残っていく。そして宮脇本を読む私達は、「歴史の上を走ってきた鉄道に、自分は今の世において、たまたま乗っているだけなのだ」ということに、気付かされるのです。

宮脇さんのご著書が古典たり得る理由は、鉄道に関する深い知識と愛だけではありません。文芸作品としても極めて高い質がそこにはあって、読者はその文章技術にも、うっとりさせられます。

旅についての文章を書くのは本当に難しいと、いつも私は思っています。「美しい」「見事だ」「楽しかった」では、読者は「はぁそうですか」としか言いようがない。見たもの全てとか、旅をした時の心情を細部までひたすら羅列されても、読者は鼻白んでしまう。自分がしてきた旅の魅力をできるだけ詳しく読者に伝えたいと思うあまり、空回りしてしまうことが、しばしばあるのです。

そんな時に宮脇さんの本を手に取ると、「何と抑制が利いていることか」と、私は読みながらしびれるような気持ちになるのでした。選び抜かれた言葉のみを使用し、余計なものを極限まで削《そ》ぎ落とした文章は、湧き出る清水のような味。

「皆まで言う」ことをしないからこそ、その文章は読者の想像力を刺激します。きっとこの本を読んだ皆さんも、「どんな場所なのだろうか」「行ってみたい」と、幾度となく時刻表や地図を開いてみたのではないでしょうか。

特に美しいのは、文章の終わり方です。

「東京駅にいけば、原敬《たかし》や浜口雄幸《おさち》の受難の場に目印がはめ込まれ、行き交う人に踏まれつづけている」（関東の巻）

「新宿駅の一日は終わった。しかし、駅の眠りは、わずか二時間半である」（新宿駅）

といった文章で一編が終わる毎に、まるでクラシックの音楽会で、指揮者のタクトがピタリと止まった後にじーんと残る余韻のようなものが、胸に広がるではありませんか。

はたまた、

「大阪市交通局のニュートラムでは、添乗員が運転士然として乗っていた。『なにもしない運転士』には、無人とはひと味違う不気味さがあった」（西日本の私鉄の巻）

「狭い崖っぷちの道路、千仭《せんじん》の谷、そして不慣れな運転手。どうも不吉な予感がしてならない」（高松駅）

といったおしまいの文のあとには、著者唯一の小説集『殺意の風景』の短篇の数々がもたらしたような、不穏な空気が広がります。

含羞《がんしゅう》というものが感じられるのも、宮脇本の大きな魅力でしょう。鉄道に限らず、何か一つの分野にかんして深い知識を持つ人というのは、「俺はこんなによく知っている」と、その博識さを競いがちです。特に「おたく」という言葉が市民権を得てからは、おたく度合いの深さを自慢する人が、目立つようになってきました。

しかし宮脇さんの文章から、その手の〝ドーダ〟感は、まるで漂ってこないのです。むしろ、大人になっても鉄道に夢中になっていることに対する恥じらいの気持ちが、行間から滲《にじ》み出ている。

鉄道ブームと言われる昨今、鉄道おたく達が、自らの奇矯なまでの博識っぷり、没入っぷりを、ここぞとばかりにアピールする姿が目立つような気がします。そんな姿を見るのに少し疲れた時、宮脇さんの本を手に取ると、私はホッとするのです。知性と品とに裏打ちされた鉄道紀行文を読めば、線路が続く先にある希望が、見えてくるような気がするから。

『鉄道旅行のたのしみ』は、JRが国鉄だった時代に書かれた本です。今となっては、

「国鉄って、何？」

と言う若者すらいる時代であり、この先も、廃線になる路線があったり、新しい路線ができたりと、鉄道の世界は変化を続けていくことでしょう。情報にうとい私としては、新

しい知識を追い掛けるのはとうてい無理と、諦《あきら》めてもいるのです。

が、そんな私も宮脇さんの本を読めば、過去からつながるレールの上を、走ることができる。

「いまでも山陽本線に乗ると、戦時中を思い出す。そして、今日の平和をありがたく思う」

「寝台特急の『あさかぜ』に乗って広島で夜が明け、わずかではあるが左窓に瀬戸内海が見えてくると、生きていてよかったと思う」（ともに〈山陽・四国の巻〉）

と、やはり宮脇さんがレールの上で過去を感じていらしたように。

宮脇さんは今は亡く、はたまた「あさかぜ」も今は無き存在ではありますが、過去からのレールは、途切れることがありません。「鉄道」とは何か、「鉄道旅行のたのしみ」とは何か。それらを教えてくれる教科書として、私はこれからもきっと、旅に出る前に、この本を開き続けるのだと思います。

本書は小学館版『全線全駅鉄道の旅』（全12巻。昭和五十六年十一月〜五十七年十一月刊）、『国鉄全線各駅停車』（全10巻。昭和五十八年四月〜五十九年二月刊）の連載をまとめ集英社文庫（昭和六十一年六月刊）に収録されたものを再文庫化したものです。

鉄《てつ》道《どう》旅《りょ》行《こう》のたのしみ

宮《みや》脇《わき》俊《しゅん》三《ぞう》

平成20年 11月25日　初版発行
令和6年 4月30日　15版発行

発行者●山下直久

発行●株式会社KADOKAWA
〒102-8177　東京都千代田区富士見2-13-3
電話　0570-002-301（ナビダイヤル）

角川文庫 15430

印刷所●株式会社KADOKAWA
製本所●株式会社KADOKAWA

表紙画●和田三造

ISBN978-4-04-159812-2　C0195

◆◇◇

角川文庫発刊に際して

角川源義

第二次世界大戦の敗北は、軍事力の敗北であった以上に、私たちの若い文化力の敗退であった。私たちの文化が戦争に対して如何に無力であり、単なるあだ花に過ぎなかったかを、私たちは身を以て体験し痛感した。西洋近代文化の摂取にとって、明治以後八十年の歳月は決して短かすぎたとは言えない。にもかかわらず、近代文化の伝統を確立し、自由な批判と柔軟な良識に富む文化層として自らを形成することに私たちは失敗して来た。そしてこれは、各層への文化の普及滲透を任務とする出版人の責任でもあった。

一九四五年以来、私たちは再び振出しに戻り、第一歩から踏み出すことを余儀なくされた。これは大きな不幸ではあるが、反面、これまでの混沌・未熟・歪曲の中にあった我が国の文化に秩序と確たる基礎を齎らすためには絶好の機会でもある。角川書店は、このような祖国の文化的危機にあたり、微力をも顧みず再建の礎石たるべき抱負と決意とをもって出発したが、ここに創立以来の念願を果すべく角川文庫を発刊する。これまで刊行されたあらゆる全集叢書文庫類の長所と短所とを検討し、古今東西の不朽の典籍を、良心的編集のもとに、廉価に、そして書架にふさわしい美本として、多くのひとびとに提供しようとする。しかし私たちは徒らに百科全書的な知識のジレッタントを作ることを目的とせず、あくまで祖国の文化に秩序と再建への道を示し、この文庫を角川書店の栄ある事業として、今後永久に継続発展せしめ、学芸と教養との殿堂として大成せんことを期したい。多くの読書子の愛情ある忠言と支持とによって、この希望と抱負とを完遂せしめられんことを願う。

一九四九年五月三日

時刻表2万キロ

国鉄全線2万800キロすべてに乗る、という傍から見ればとてもバカバカしい、しかし鉄道を愛する者にとってはきわめて真摯な願いを達成するまでの、悪戦苦闘の記録。本数の少ない路線を計画に組み入れる苦労、金曜日の仕事を終えてから寝台特急を乗り継いで出かけるときの高揚、遠路訪ねた人少ないローカル線の哀愁など、完乗をした者にしか味わうことのできない鉄道旅行の楽しみの数々。昭和55年の国鉄全路線図を付載。

978-4-04-159801-6 C0195

角川文庫／宮脇俊三の好評既刊

台湾鉄路千公里

わずか七泊八日の期間で出かけた、台湾の鉄道すべてを乗り尽くす旅。台北―高雄間を4時間あまりで走破する「自強号」乗車にはじまり、3回のループ線を越えていく「阿里山鉄道」や、集集線、東勢線、内湾線といったローカル線まで、超特急、普通列車、寝台車とあらゆる列車に乗り継ぐ中で見えてきた、日本との共通点や似て非なる部分の数々。単なる鉄道旅行記に収まらない、落ち着いた視点と無駄のない文章でおくる異文化発見の軌跡。

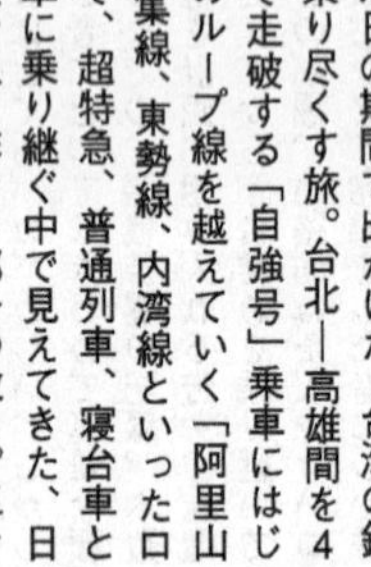

4-04-159802-8 C0195

角川文庫／宮脇俊三の好評既刊

シベリア鉄道9400キロ

子どもの頃、戦前の時刻表で見てあこがれたシベリア鉄道。およそ9400キロにもなるその世界最長の路線を、シベリア鉄道を代表する列車「ロシア号」に乗って、ハバロフスクからモスクワまで六泊七日かけ編集者とふたりで乗り通した。

広大なロシアの自然と、明けても暮れても列車の車内で過ごす日々のなかで出会った、同乗の人びとや駅で出会う現地の人たち。鉄道に乗り続けることを楽しみ抜いた旅の記録。

4-04-159803-6 C0195

角川文庫／宮脇俊三の好評既刊

中国火車旅行

広大な国土を有する中国には5万2000キロもの鉄道網が広がっている。黄河・揚子江の二大河を渡って「食の広州」へ至る北京―広州2313キロ。もっとも雄大な上海―烏魯木斉、車中三泊4079キロ。大連―瀋陽―哈爾浜944キロ。山険しく谷深く、427のトンネルと653の鉄橋を有し、ループ線やS字カーブが連続する、成都―昆明の山岳路線「成昆線」。壮大にして没有時間《のんびり》の国を火車で行く、珍にして快、きわめつき鉄道の旅。

4-04-159805-2 C0195

角川文庫／宮脇俊三の好評既刊

インド鉄道紀行

インドは、知られざる鉄道王国でもある。その歴史はアジアでもっとも古く、鉄道営業キロ数は6万キロを超えている。人工都市ニューデリー、デリーの旧市街、先進地カルカッタからヴァラナスィの聖地へ。ムガール帝国の旧都アグラ、大都市ボンベイ、デカン高原の大草原を経てインド最南端のコモリン岬——。悠久の大地をゆく鉄道の旅は、静と動、無と有、秩序と混沌、静寂と喧噪、富と貧困など、インドの無数の素顔を見せてくれる。

4-04-159806-0 C0195

角川文庫／宮脇俊三の好評既刊

日本探見二泊三日

遠くへ行くばかりが旅ではない――。国内のありとあらゆる鉄道に精通した著者が、二泊三日ほどの気負いのない旅程で、ふるさと日本の「探見」に出かけた。熊野古道、親不知、日豊海岸の浦浦、南淡路、阿武隈山地、五島列島、夕張、お遍路の道、北海道ちほく高原鉄道など、団体の観光客にもみくちゃにされることもなく、しみじみと静かな旅にひたることができる味わい深い土地の数々から、旅本来の楽しみと日本の情緒を紹介する。

978-4-04-159807-8 C0195

角川文庫／宮脇俊三の好評既刊

駅は見ている

石炭産業の衰退によって二度の移転を余儀なくされた夕張駅、長野新幹線の開通前で電気機関車が特急を押し上げた横川駅、日本の近代化のありさまが建築に見て取れる門司港駅など、古い駅には、機能的な新しい駅にはない味わいがある。利用する地元の乗客や、働く人びとの思い、鉄道の移り変わり――。駅舎が見てきた歴史と人間模様。ふらりと気ままに出かける旅の楽しさを軽妙に綴り、旅を愛する者すべての共感を誘う名文集。

978-4-04-159809-2 C0195

角川文庫／宮脇俊三の好評既刊

鉄道廃線跡の旅

生い茂る雑草をかき分け、ぬかるみに足をとられながら道なき道を進む……、目指すはトンネル、橋梁、築堤、レールや犬釘など、かつて隆盛を極めた鉄道の痕跡。廃線跡の探訪には、こうして遺物を探し出す考古学的な面白さと、史跡めぐりというふたつの楽しさがある。廃線跡探訪のブームをつくった著者が、夕張鉄道、南薩鉄道、南大東島の砂糖鉄道、奥羽本線旧線など、七つの廃線跡をめぐり、その魅力を余すところなく洒脱に綴る。

978-4-04-159810-8 C0195